マンション
防災・設備の知識

及川 忠良

東京図書出版

マンション防災・設備の知識◇目次

1 はじめに

日本は外国と比べ自然災害が発生しやすい国土です。その中で、マンションは、一般的に耐火性、耐震性に優れており、地震などの災害にも比較的安全と考えられています。

しかし、これまでの災害で明らかなように、災害発生の初期段階では、消防・自衛隊など公的な救助隊は殆ど期待できませんし、また、町会・自治会の自主防災組織は、地域内の木造建物の救助や火災の対応で精一杯で、マンションの例えば10階まで救助に向かうことは極めて困難であると考えられます。このため、マンション内の怪我人などを救出するにはマンション内の住民が協力して救助活動を行わなければなりません。

また、災害時には、公設の避難所は人で溢れ、狭い空間で、暑さ寒さなど過酷な環境により体調を崩す人も多く、亡くなる人もいました。こうした状況において、耐震性に優れたマンションの住民は、避難所の負担軽減にも考慮し、なるべく自宅マンションでの避難生活が求められています。しかし、マンションは電気が止まるだけで、エレベーターや水道、トイレも使えなくなるという脆弱性がありますので、マンション内で生活継続ができるための備えが必要です。

このようにマンションには、マンション特有の防災上の課題がありますので、マンション独自で防災組織を結成し、いざという時に有効に機能するための備蓄や訓練を日頃から実施しておかなければなりません。

本書が、マンションの防災対策を進める上で広く活用され、いささかでも社会のお役にたてれば幸いです。

ＰＭコンサルタント事務所
代表　及川忠良
法律・建物管理アドバイザー

2 マンションの防災対策の現状

多くのマンションでは、防火管理者を選任して消防計画を作成し、定期的に消火、通報、避難訓練などを実施していますが、実施している主な理由は、消防法で義務付けられているからです。

しかし、こうした消防計画に基づく避難訓練などは、火災対策が中心であり、震災時における救出救護訓練や被災後の生活継続に係る防災対策は基本的に含まれていません。

日本は地震列島であり、いつどこで大震災が起きるか分からない状況が続いています。しかし、震災時における防災対策は、法令義務が無いなどの理由から、多くのマンションでは実施されていないのが実態です。

東日本大震災後、全国の多くの地方公共団体では「マンション防災マニュアル等」を作成しました。そしてその中で、震災の被害を軽減するためには、一人ひとりが日頃から災害に備えておく「自助」や、マンション住民が協力して防災対策にあたる「共助」の取り組みが必要であり、マンション独自の自主防災組織を結成して活動すべきである、というように記載しています。

しかしながら、「マンション防災マニュアル等」を作成した地方公共団体も含め、殆どの地方公共団体では、マンション独自の自主防災組織を正式には認めていません。というのは、地方公共団体の規則等に基づく自主防災組織の結成は町会・自治会単位で結成するとしていて、結成した自主防災組織には補助金を支給しているからです。つまり、マンション独自の自主防災組織を正式に認めれば、補助金の対象になるからです。マンション独自の自主防災組織を補助金の対象にするには、地方公共団体の新たな事業として予算も確保しなければならないなどの制度改正が必要となるのですが、それが進んでいないのです。

このため、各地方公共団体では「マンション防災マニュアル等」を作成し、マンション独自の自主防災組織結成の必要性を示しているにもかかわらず、その自主防災組織は正式に認めないという矛盾が生じているのが現状です。

3　マンションに求められる防災対策

1 マンション独自の救助体制

阪神・淡路大震災や東日本大震災など、これまでの災害でも明らかなように、大災害発生の初期段階では、消防・自衛隊など公的な救助隊による救助活動は殆ど期待できません。また、町会・自治会で結成する自主防災組織は、地域内の木造建物の救助や火災対応で精一杯になりますので、マンションの例えば10階まで救助に向かうことは極めて困難であると考えられます。このため、マンション内の怪我人などを救出するにはマンション内の住民が協力して救助活動を行わなければなりません。

そのためには、マンション独自で自主防災組織を結成し、救助資機材を整備し、定期的な訓練を行うことが求められます。

2 生活継続のための準備

公設の避難所は、自宅が倒壊したり又は倒壊の恐れがあったりなど、自宅での生活継続が困難な人たちが一定期間避難生活をする場所であり、スペースも限られています。また、公設の避難所は人で溢れ、狭い空間で、暑さ寒さなど過酷な環境により、体調を崩す人も多く、亡くなる人もいました。こうしたことから、地震に比較的強いマンションの住民は、避難所の負担軽減にも考慮し、なるべく自宅での避難生活が求められます。

このように、一定規模のマンションでは、法的義務に基づく消防計画等の対策だけでは不十分であり、住民の共助に基づくマンション独自の自主的な防災活動を進めることが求められているわけです。

4 マンションの防災対策が進まない理由

阪神・淡路大震災や東日本大震災発生の後は、多くのマンションの理事会等では防災対策の重要性が認識され、具体的な防災対策が提案され議論が進められてきました。しかし、総論賛成各論反対によってその提案は可決されずに、継続審議となり、翌年の理事会に引き継がれ、時間の経過に伴い、防災対策の危機意識も薄まって、結局は何も進まないというケースが多いようです。

マンションの防災対策が進まない主な理由は以下のように考えられます。

⑴ 日々の生活が精一杯で、防災を考える余裕がない。また、病気や経済等のリスクの方が大きいと考える。

⑵ 防災資機材の整備や建物・設備の改修などにお金を使っても、地震が来なければ必要がなく、直接の利益にはならないと考える。

(3) 資金がかかり、直接の利益にならない防災対策は、特に合意形成が困難となり総会決議まで至らない。

(4) 被災者の声として「まさか自分が被害を受けるとは考えていなかった」といった、自分だけは大丈夫という楽観的な意識を持つ人が多い（正常性バイアス）。

(5) 不動産会社の分析によると、耐震性など安全性の向上が市場価格にあまり結びついていない。立地、面積、日照といった一般的な判断基準を超えるに至っていない。

(6) 何が正しい防災対策なのか判断が難しいため、管理組合の役員や居住者の中に個人的な考えを強く主張する人がいると計画的で組織的な活動は困難になる。

5　マンションの防災対策を進める方策

マンションにおいて、法令義務の無い防災対策を進めるには、何らかのきっかけが必要です。

防災活動が特に優秀なマンションとして総理大臣賞を受賞した兵庫県の加古川グリーンシティが防災活動を進めたきっかけは、阪神・淡路大震災後、兵庫県からの「防災組織を作れば60万円の補助金を出す」との呼び掛けに応じて「じゃあうちのマンションでもやろうか」という軽いノリだったとのことです。

合意形成が困難なマンション管理組合においての補助制度は、資金面の支援というよりも、合意形成に大きな役割を果たすものと言えます。

▫防災対策を進めるには

前記「4　マンションの防災対策が進まない理由」のとおり、自主的な防災対策は進まないものです。また、類似の例として、東日本大震災での〝釜石の奇跡〟で、子供たちへの防災教育が称賛された群馬大学の片田教授ですが、実は、はじめは大人に対して防災教育を行っていたが、大人は頭が固く、全く進歩がみられないため大人への教育はあきらめ、将来への期待を込めて子供たちに教育を行うようになったとのエピソードがあります。

進みにくい防災対策を進めるためには、次のようなきっかけが必要ではないかと思います。

(1) 法律（条例）等による義務化
管理組合（理事長）の責任、管理会社の受任義務

(2) 管理組合に対する補助金
合意形成のきっかけ

(3) イベントで進める防災プロジェクト
楽しみ、コミュニティ向上

(4) 強力なリーダーの存在
理事長、防災委員長、防災担当理事等

□マンションのコミュニティ活動のあり方

管理組合の目的は、「建物並びにその敷地及び附属施設の管理」（区分所有法第3条）です。この管理には、建物の維持保全、使用方法の決定と遵守、防災、防犯などが含まれます。こうした管理組合の活動を円滑に進めるためには、区分所有者、居住者間の相互理解が大切であり、日ごろからの居住者間のコミュニティ形成が重要であることは言うまでもありません。

(1) 費用がかかり、すぐには効果を生まない防災対策に、住民が参加する動機としては、「義務、お付き合い、楽しみ」などが考えられます。人は何らかのきっかけによって行動するからです。

(2) 法的義務である消防訓練や、子供の学校つながりでのお付き合いなどをきっかけに参加したとしても、当然ながら形式的に終わってしまい、防災力の向上は望めません。

(3) やはり、楽しくなくては、継続性もなく、防災の輪は広がらないと言えます。楽しみながら、防災訓練に参加できる方策はあるのでしょうか。

☆イベントで進める防災プロジェクト

防災活動をきっかけにして、お祭りや食事会、バーベキューなど、子供から大人までが参加可能なイベントを企画し、そこで世代を超えた連帯感を深め、それを定期的に繰り返すことによって、コミュニティの向上から防災力の向上という相乗効果を生みだすことになるという一つの考えがあります。

6 消防法に定めるマンションの防火管理制度

消防法第８条には、多数の者が居住する防火対象物で管理について権原を有する者は、防火管理者を定め、消防計画の作成、消火、通報及び避難の訓練等を行わせなければならない旨の規定があります。

この規定の中で「多数の者が居住する防火対象物」には、50人以上が居住するマンションが該当します。「管理について権原を有する者」には、理事長が該当します。

つまり、50人以上が居住（住戸あたり２・５人で計算すれば20戸で50人となります）するマンションでは、理事長が防火管理者を定め消防計画の作成や避難訓練等を行わせる義務があるということです。

※参考条文（抄）

消防法　第八条（防火管理者）

学校、病院、工場、事業場、興行場、百貨店（これに準ずるものとして政令で定める大規模な小売店舗を含む。以下同じ。）、複合用途防火対象物（防火対象物で政令で定める二以上の用途に供されるものをいう。以下同じ。）その他多数の者が出入し、勤務し、又は居住する防火対象物で政令で定めるものの管理について権原を有する者は、政令で定める資格を有する者のうちから防火管理者を定め、政令で定めるところにより、当該防火対象物について消防計画の作成、当該消防計画に基づく消火、通報及び避難の訓練の実施、消防の用に供する設備、消防用水又は消火活動上必要な施設の点検及び整備、火気の使用又は取扱いに関する監督、避難又は防火上必要な構造及び設備の維持管理並びに収容人員の管理その他防火管理上必要な業務を行わせなければならない。

消防法施行令　第一条の二（防火管理者を定めなければならない防火対象物等）

3　法第八条第一項の政令で定める防火対象物は、次に掲げる防火対象物とする。

別表第一（五）項ロ、（七）項、（八）項、（九）項ロ、（十）項から（十五）項まで、（十六）項ロ及び（十七）項に掲げる防火対象物で、収容人員が50人以上のもの

▫収容人員の算定

マンションは、消防法施行令別表第一（五）項ロに該当しますので、収容人員が50人以上となる場合には、防火管理者の選任が必要となります。その収容人員の算定方法は、消防法施行規則第1条の3に「居住者の数により算定する。」と規定されています。

▫管理権原者（理事長）の責務

管理権原者の責務は次のとおりです。

①防火管理者を定める（選任する）こと。
②防火管理者に、消防計画の作成、消防計画に基づく消火、通報及び避難訓練の実施、消防用設備等の点検及び整備、火気の使用等に関する監督、避難又は防火設備等の維持管理などを行わせること。
③防火管理者を定めた（選任した）ときは、消防長又は消防署長に届け出ること。

以上ですが、前記の防火管理業務が法令又は消防計画に従って行われていないと認められる場合、消防長又は消防署長から必要な措置命令を受けることがあります。そしてこの措置命令に違反したときは「1年以下の懲役又は100万円以下の罰金に処する。」という重い罰則が規定されています。

□防火管理者の資格と選任

防火管理者には、甲種防火管理者と乙種防火管理者があり、それぞれの資格を取得するためには、各地域の防火・防災協会などが行う甲種防火管理者講習（2日間）又は乙種防火管理者講習（1日間）の受講が必要となります。

マンションでは「甲種防火管理者の選任が必要」と考えていいと思います。何故なら、延べ面積500㎡以上のマンションは甲種防火管理者を選任しなければならないからです。つまり、500㎡のマンションとは、一住戸60㎡として計算しても8住戸となり、防火管理者の選任が必要な居住者の数（50人以上）となることは殆どないため、そもそも防火管理者の選任義務が生じないからです。各住戸平均の居住者を4人で計算しても13住戸なければ50人には達しないのです。

また、防火管理者の資格として消防法施行令第3条に「防火管理者は、当該防火対象物において防火管理上必要な業務を適切に遂行することができる管理的又は監督的な地位にあるもの」と規定されていますので、管理組合の理事の中から選任することが望ましいと言えます。

▫防火管理者の責務と業務

防火管理者の責務は、消防法施行令第３条の２に規定があり、次の通りです。

①消防計画の作成・届出を行うこと。
②消防計画に基づき防火管理業務を実施すること。
③必要により管理権原者（理事長）に指示を求め、誠実な職務執行を行うこと。
④消防用設備等の点検整備と火気使用等に関する火元責任者その他の防火管理業務従事者への指示を行うこと。

また、前記②の防火管理業務とは、次の通りとなります。

①消火・通報・避難訓練の実施
②消防用設備等の点検整備
③火気の使用等の監督
④避難又は防火上必要な構造及び設備等の維持管理
⑤収容人員の管理

防火管理者には、前記のような責務と業務がありますが、防火管理に係る罰則の規定は、管理権原者（理事長）に限られています。

▫防火管理者の外部委託

防火管理者は、防火管理上必要な業務を適切に行うことができる管理・監督的な地位にある者を選任することが原則ですが、共同住宅（マンション）や小規模な店舗などで、そうした防火管理者となれる者がいないため防火管理上必要な業務を適切に行うことができないと消防署長等が認めた場合には、次の要件をすべて満たす外部の者に防火管理者を委託できることになっています。

①管理権原者（理事長）から必要な権限の付与が行われている。
②管理権原者（理事長）から防火管理上必要な業務の内容を明らかにした文章を交付されており、かつ、十分な知識を有している。
③管理権原者（理事長）から防火管理上必要な事項について説明を受けており、かつ、十分な知識を有している。

以上ですが、実際の外部委託の手続き等については、管轄の消防署に相談して進めることになります。

7 防災計画と消防計画

防災計画とは、災害対策基本法において、中央防災会議が作成する「防災基本計画」、水道事業者や鉄道事業者など指定機関が作成する「防災業務計画」、都道府県・市町村が作成する「地域防災計画」を総称して言っています。マンションで作成する防災計画には法令の根拠はありませんが、一般的に「○○マンション管理組合防災計画」といった使い方をしています。

消防計画とは、消防法に基づいて、防火管理者が作成する防火管理に関して必要な事項を定める計画のことを言います。

7　防災計画と消防計画

	防災計画	消防計画
根拠法	災害対策基本法に基づく地域防災計画など。法律上は、単に「防災計画」という用語はない。	消防法に基づき作成義務あり。
対象	町会・自治会、マンション等の任意団体で結成した自主防災組織。	居住者50人以上のマンション（1世帯2名なら25世帯で該当）。
計画の内容	消防計画の内容の他、対策本部、救出救護、情報伝達、非常食、仮設トイレ、復旧対策など。	消火、通報及び避難の訓練、自衛消防組織、消防用設備等の点検・整備など。
訓練	名称「防災訓練」 防災計画で定めた内容について行う。	名称「自衛消防訓練」（消防訓練） 消火、通報、避難について行う。
作成者	決まっていない。防災アドバイザー、防災士、マンション管理士などが作成指導。	防火管理者が作成する。防火管理者は管理権原者である理事長が選任。

1 消防法で定めるマンションの消防計画

消防計画については、管理権原者（理事長）に選任された防火管理者が作成し、所轄の消防署に届け出なければならないと消防法施行規則第3条に規定されています。

届け出た消防計画をスムーズに受理してもらうためにも、消防計画の作成に必要なひな形は、所轄の消防署から入手するといいと思います。

防火管理者の届出者は、管理権原者（理事長）ですが、消防計画の届出者は、防火管理者になりますので、届出書を記載する際には少し注意が必要です。

消防計画に定める事項は、消防法施行規則第3条に次のように規定されています。

イ　自衛消防の組織に関すること。
ロ　防火対象物についての火災予防上の自主検査に関すること。
ハ　消防用設備等又は法第十七条第三項に規定する特殊消防用設備等（以下「特殊消防用設備等」という。）の点検及び整備に関すること。

ニ　避難通路、避難口、安全区画、防煙区画その他の避難施設の維持管理及びその案内に関すること。
ホ　防火壁、内装その他の防火上の構造の維持管理に関すること。
ヘ　定員の遵守その他収容人員の適正化に関すること。
ト　防火管理上必要な教育に関すること。
チ　消火、通報及び避難の訓練その他防火管理上必要な訓練の定期的な実施に関すること。
リ　火災、地震その他の災害が発生した場合における消火活動、通報連絡及び避難誘導に関すること。
ヌ　防火管理についての消防機関との連絡に関すること。
ル　増築、改築、移転、修繕又は模様替えの工事中の防火対象物における防火管理者又はその補助者の立会いその他火気の使用又は取扱いの監督に関すること。
ヲ　イからルまでに掲げるもののほか、防火対象物における防火管理に関し必要な事項

法令で規定する消防計画に定める事項は、前記の通り、多くの事項になりますので、居住者が消防計画の内容を十分に把握するのは現実的に困難な状況です。そこで、届け出用の消防計画とは別に、A４一枚にまとめた消防計画も作成して各居住者に配付し、各住戸では、いつでも見えるところに貼っておけば、いざという時に消防計画に従った行動がとれる可能性が高くなると思います。

□避難訓練の実施

ホテル、百貨店、病院など消防法で定める「特定用途防火対象物」の場合は、年2回避難訓練を実施することが義務付けられていますが、マンションなどの「非特定用途防火対象物」の場合は、消防計画で定める回数を定期に実施するとされています。例えば、年1回などと消防計画に定めることになります。

8 自主防災組織

自主防災組織とは、「自分たちの地域は自分たちで守る」という自覚、連帯感に基づき、自主的に結成する防災組織であり、防災計画を作成し、防災資機材を整備し、定期的に訓練を行います。

自主防災組織の法令上の定義は、災害対策基本法第2条の2第2号に「住民の隣保協同の精神に基づく自発的な防災組織をいう。」と規定されています。

防災対策として「自助」「共助」「公助」と言われますが、自主防災組織は、地域において「共助」の中核をなす組織であり、自治会等（管理組合を含む）の地域で生活環境を共有している住民等により、自主的に結成・運営されるものです。

災害によって地域が孤立した場合などは、こうした普段から生活環境を共有している住民同士が相互に協力し合う「共助」が被害の軽減のために重要な役割を果たすことになります。

なお、自主防災組織が日頃から取り組むべき活動としては、防災用資機材の整備、防災訓練の実施、火気使用設備器具の点検、防災知識の普及啓発などがあります。また、災害時には、情報の収集・伝達、住民の安否確認・避難誘導、負傷者の救出・救護、仮設トイレの設置、給水・給食等の活動が考えられます。

9 管理規約における防災対策の位置づけ

国土交通省が定めるマンション標準管理規約の第32条（管理組合の業務）には、「マンション及び周辺の風紀、秩序及び安全の維持、防災並びに居住環境の維持及び向上に関する業務」と記載されています。

このように、マンションの防災対策は、管理組合の業務として位置づけられていますので、標準管理規約を準用している管理組合では、理事会及び総会で合意が得られれば、管理費を支出し防災資機材の整備を進めることが可能です。

10 避難場所と避難所

災害対策基本法に基づき、災害発生時の避難先として市町村長が指定する場所に、「避難場所」と「避難所」があります。

「避難場所」は、大規模火災や大津波などから命を守るために一時的に避難するところで、広い公園、学校のグラウンド、河川敷、高台、最近では高層ビルなどがあります。

「避難所」は、居住の場所を確保することが困難な被災した住民を一定期間滞在させるための施設で、学校の体育館や公民館などです。

なお、市町村長が指定する「避難所」の基準は、以下のように定められています。

①被災者を滞在させるために必要かつ適切な規模のものであること。
②速やかに、被災者等を受け入れ、又は生活関連物資を被災者等に配布することが可能な構造又は設備を有するものであること。

③想定される災害による影響が比較的少ない場所にあるものであること。
④車両その他の運搬手段による輸送が比較的容易な場所にあるものであること。
⑤主として高齢者、障害者、乳幼児その他の特に配慮を要する者を滞在させることが想定される場合は、これらの者の円滑な利用を確保するための措置が講じられていること。

11 避難行動要支援者

1 避難行動要支援者とは

東日本大震災を契機として、平成25年に災害対策基本法が改正され、新たに「避難行動要支援者」の制度が設けられました。

この制度は、災害時に自力で避難することが困難な高齢の方や障害のある方のうち、身体状況や緊急連絡先などの情報を地域の関係機関へ提供することに同意した方を登録し、災害時の避難誘導や安否確認が速やかにできるよう、市町村及び地域の関係機関が情報を共有するものです。

なお、災害対策基本法において「避難行動要支援者」とは、災害が発生し、又は災害が発生するおそれがある場合に自ら避難することが困難な者であって、その円滑かつ迅速な避難の確保を図るため特に支援を要する者、と定義されています。

2 避難行動要支援者名簿

市町村長は、「避難行動要支援者」の名簿を作成しておく法令上の義務があり、名簿には次の事項を記載するものとされています。

(1)　氏名
(2)　生年月日
(3)　性別
(4)　住所又は居所
(5)　電話番号その他の連絡先
(6)　避難支援を必要とする事由

そして、地域防災計画の定めるところにより、災害の発生に備え、避難支援等の実施に必要な限度で、この名簿を消防、警察、民生委員、社会福祉協議会、自主防災組織などに提供することとされています。なお、名簿の提供にあたっては原則として本人の同意が必要と定められています。

3 マンション管理組合への名簿情報の提供

大規模災害時の初期段階では、消防、警察等の公的な救助は期待できないため地域の自主防災組織による救助活動が重要となることから、名簿情報の提供先として自主防災組織が含まれています。しかし、地域の自主防災組織は、鉄筋コンクリート造建物と比較して地震や火災の被害を受けやすい木造防火造建物からの救助活動までが限界で、鉄筋コンクリート造のマンション内まで救助活動の範囲を広げることは困難と考えられます。

このためマンション内に居住する「避難行動要支援者」の避難支援や救助活動は、マンション内の居住者が自主的な防災組織を結成して行う必要があります。しかし、現在、多くの市町村では名簿情報の取扱いについての基準が整備されていないため、マンションへの名簿情報の提供は行われていないのが現状です。

4 行政の取り組み

つまり、マンションに居住する「避難行動要支援者」の方は、大規模災害時には、法律で定める避難支援が実質的に受けられない状態にあるということです。

こうした状態を改善するためには、まずは、町会・自治会の自主防災組織と同様にマンション独自の自主防災組織も補助金の対象として扱い、自主防災組織結成を促す必要があります。しかし、残念ながら殆どの市町村ではこうした取り組みは進められていないようです。

12 武蔵小杉の洪水被害と浸水対策

２０１９年に発生した台風19号による豪雨で、川崎市の武蔵小杉駅周辺では、下水を処理しきれずに内水氾濫が起こり、駅周辺に建つタワーマンションの地下室などが水没しました。

武蔵小杉駅周辺の下水は、合流方式（雨水管と汚水・雑排水管が一つの管）で、大雨のときは、下水処理場を経由せず、そのまま河川に放流する方式ですが、当日は、多摩川の水位が高くなり過ぎていたため逆流して街に溢れ出てしまい、更に、合流方式のため糞尿も混ざっていて悪臭となってしまったようです。比較的開発が新しい地域は、分流式（雨水管と汚水・雑排水管が別の管）ですが、武蔵小杉駅前のように先に開発が進んだ地域では合流式になっています。

なお、内水氾濫時に想定される浸水の深さは、お住まいの地域の「内水ハザードマップ」で確認することができます。また、下水道が合流式なのか分流式なのか不明な場合は下水道局等に問い合わせて確認することもできます。

具体的なマンションの被害は、次のようなものでした。

(1)　停電と断水

マンションの地下にある電気設備が浸水し、マンション全体が停電に陥ってしまいました。その結果、エレベーターが停止し高層階に居住する方は大変な苦労をしました。また、ポンプで水を送っていた上水道も断水する事態となりました。

(2)　トイレと悪臭

断水になったため、原則的に各戸のトイレは使えなくなり、貯めていた水でトイレを使う人もいましたが、その場合、水量が少ないために流れきれず、下階の住居のトイレや排水溝から悪臭が発生する被害もありました。

2「建築物における電気設備の浸水対策ガイドライン」

今回の高層マンションの浸水被害を受け、今後こうした洪水等の発生時においても建築物の機能継続（居住継続及び使用継続）を確保するためには、洪水等による浸水被害に備え、建築物における電気設備の浸水対策の充実を図る必要があるとの理由から、国土交通省と経済産業省が合同で令和２年に本ガイドラインを策定しました。

［ガイドラインにおける浸水対策の具体的な取組み］

①浸水リスクの低い場所への電気設備の設置
　電気設備を上階に設置

②対象建築物内への浸水を防止する対策
　建築物の外周等に「水防ライン」を設定し、ライン上の全ての浸水経路に一体的に以下の対策を実施

（出入口等における浸水対策）

- マウンドアップ

■止水板、防水扉、土のうの設置
（開口部における浸水対策）
■からぼりの周囲への止水板等の設置
■換気口等の開口部の高い位置への設置等
（逆流・溢水対策）
■下水道からの逆流防止措置（例：バルブ設置）
■貯留槽からの浸水防止措置（例：マンホールの密閉措置）
③電気設備設置室等への浸水を防止する対策
　水防ライン内で浸水が発生した場合を想定し、以下の対策を実施
（区画レベルでの対策）
■防水扉の設置等による防水区画の形成
■配管の貫通部等への止水処理材の充填
（電気設備に関する対策）
■電気設備の設置場所の嵩上げ
■耐水性の高い電気設備の採用

（浸水量の低減に係る対策）
■水防ライン内の雨水等を流入させる貯留槽の設置
④電気設備の早期復旧のための対策
洪水等の発生による電気設備の浸水に関して以下の対策を実施
（平時の取組み）
■所有者、管理者、電気設備関係者の連絡体制整備
■設備関係図面等の整備
（発災時・発災後の取組）
■排水作業、清掃、点検、復旧方法の検討
■復旧作業の実施

電力会社によれば、電気室（電力会社借室）は、概ね50㎝浸水すると電極端子が水没して停電する可能性が高いとのことで、停電した場合には電力会社に連絡すれば復旧作業を行うとのことです。

また、電気設備が浸水してマンション全体が停電にならない場合でも、防水タイプでは

ない給水ポンプが水没した場合には、給水ポンプのブレーカーが落ちて止まってしまい使用できなくなる可能性があります。

なお、水が引いた後の給水ポンプの使用は、どのメーカーの説明でも「内部に水が入り絶縁不良となるため使用するのは危険ですので、更新をお勧めします」ということです。しかし、給水ポンプの絶縁抵抗を測定することができて抵抗値が問題ない範囲であれば使用できる可能性もありますが、最近の給水ポンプはユニットで密閉されており絶縁抵抗が測定できないものが増えています。但し、水に浸かったモーターは、一定期間使用できても、時間の経過で絶縁が低下して使用不能になる可能性が高いです。

▫土のう

土のうは、砂入り土のうを無料で提供してくれる市町村もあります。また、砂を入れなくても水で膨らむ吸水土のうが、ホームセンターやインターネットで５０００円～1万円（10枚一組）程度で購入することができます。吸水土のうは、保管場所を取らないため最近ではよく活用されているようです。

13 免震構造

建物を地震の揺れから守るための構造には、主に次の三つがあります。

1 耐震

地震の揺れを建物の柱、梁といった主要構造部の強度やねばり強さで耐える構造で、一般的に広く使われています。

2 制震

地震の揺れを吸収する「制振部材」を建物に組み込むことで、地震発生時の揺れを軽減する構造です。

3 免震

基礎と建物の間に「免震装置」を設置することで、地震の揺れが建物に直接伝わらないようにした構造のことです。

このうち免震構造は、最も建物の被害を軽減することができ、東日本大震災や熊本地震の強い揺れを受けても、免震構造の建物では、殆ど被害が無いか、軽微な被害で済んでいました。

免震構造の建物としては、東京駅、首相官邸、国立西洋美術館、一部の官庁建物や超高層マンションなどがあり、耐震安全性を確保するため多くの建物が免震構造を採用するようになりました。

▫免震構造のデメリット

1　長周期地震動により共振を引き起こして揺れが増幅し、被害が大きくなる可能性も僅かにあるようです。

2　横揺れには効果があるが、縦揺れにはあまり効果がないようです。

3　建設費用が高価であり、また、メーカーによる定期的な点検が必要とされています。

▫免震構造の特徴

免震ゴムの耐用年数は60年とされています。免震ゴムの交換は、ジャッキにより建物を持ち上げて行うことになります。

免震ゴムは、鋭利な金属などで傷が付き、油が付着すると化学反応によって強度が落ちる危険があります。また、免震ゴムと基礎コンクリートをつなぐフランジは金属で、錆びる可能性もあります。このため、洪水などで地下ピットの免震装置に濁流が入り込んだような場合には、高圧洗浄機などで洗浄し緊急点検が必要となります。

また、免震ゴムのタイプにもよりますが、80㎝程度までの横移動では破断しないというメーカーの実験結果があるようです。なお、長周期地震動により共振が起きればそれ以上の横移動が起こる可能性も否定できませんが、建物周囲の擁壁との距離は通常50㎝程度であるため、そこにぶつかって共振も止まり、免震ゴムの破断も防げるものと考えることもできます。

14 長周期地震対策

1 長周期地震のメカニズム

震源地から遠い地域では、地震波のサイクル（周期）が大きくなるため、超高層ビルなど大きな固有周期をもつ建物と共振し、揺れが増幅され、その建物だけが大きく揺れて被害を増大させることがあります。長周期地震の特徴は周囲の多くの建物は被害を受けていないにもかかわらず、超高層ビルなど特定の建物だけが被害を受けるというものです。

2 建物の固有周期と共振現象

建物の固有周期とは、例えば、２階建てでは小刻みに揺れるのに対して30階建てではゆっくり大きく揺れます。２階建ての建物の固有周期は小さく、30階建ての固有周期は大きいということです。
阪神・淡路大震災では、多くの木造住宅が倒壊しましたが、これは内陸の直下型地震であったため、地震動としては「キラーパルス」と呼ばれる短い周期であり、固有周期の小さい多くの木造住宅が共振して倒壊に至ってしまいました。共振現象とは、地震波の周期と建物の固有周期が一致して揺れが大きく増幅してしまう現象のことです。

3 主な長周期地震動（共振現象）による被害

平成15年「十勝沖地震」
北海道苫小牧市の石油コンビナートで、長周期地震動によるスロッシング（液体を入れた容器が振動した場合に、液体の表面が大きくうねる現象）により溢れた石油に引火して火災が発生。

平成16年「新潟県中越地震」
震度3だった東京港区の六本木ヒルズで、長周期地震動によりエレベーターが大きく揺れ、67基のうち6基が損傷したりワイヤが絡まったりして停止し、うち2基で乗客1名ずつが一時閉じ込められた。

平成23年「東日本大震災」

新宿の超高層ビルや震源地から770km離れた大阪府咲洲庁舎（55階建て）などで10分以上大きな揺れが続き、咲洲庁舎ではエレベーターの閉じ込めもあった。

4 長周期地震対策

建築基準法の耐震基準には長周期地震への具体的な対策は規定されていませんでしたが、東日本大震災後、超高層ビルの最上階に巨大な重りの付いた振り子を載せて、長周期地震動などの揺れを半減する制振技術を実用化する対策が行われるようになりました。

15 地震保険と水災補償

□ **地震保険の必要性**

火災保険では、地震を原因とする火災、ひび割れ、柱・壁等の損傷による損害は補償されません。また、地震保険に加入していないマンションが損壊を受けた場合、修理費負担に関する区分所有者間の合意形成が難しく、いつまでもマンションが修復できないおそれがあります。

□ **地震保険の概要**

地震保険は、火災保険に付帯する方式での契約となるため、火災保険への加入が前提となります。

地震保険の保険金額は、火災保険の保険金額の30％から50％の範囲内であり、地震保険の保険金額を必要な額まで引き上げるためには、火災保険の保険金額を引き上げる必要があります。

火災保険の保険金額は、付保率（建物評価額の何%を保険金額にするのか）によって決まります。耐火構造で防火区画もしっかりしているマンションでは火災が発生したとしても被害が限定的になるため、付保率は40～50%程度に設定するのが一般的ですが、火災保険の保険金額を引き上げる（地震保険の保険金額を引き上げる）ために、この付保率を80%程度に引き上げる管理組合もあります。防火区画がしっかりしているマンションでは火災が発生しても、大きな被害にならないことは保険会社も想定していますので、この付保率を80%程度に引き上げても保険料はそれほど高くはなりません。

▫政府による再保険

地震保険は、地震等による被災者の生活の安定に寄与することを目的として、民間保険会社が負う地震保険責任の一定額以上の巨額な地震損害を政府が再保険することにより成り立っています。総支払限度額は、関東大震災クラスの地震と同等規模の巨大地震が発生した場合においても対応可能な範囲として決定されており、阪神・淡路大震災や東日本大震災の際にも、円滑に保険金が支払われました。

□保険金の支払

地震保険では、保険の対象である居住用建物または家財が全損、大半損、小半損、または一部損となったときに保険金が支払われます。

	建物・家財
全損	地震保険の保険金額の100％（時価額が限度）
大半損	地震保険の保険金額の60％（時価額の60％が限度）
小半損	地震保険の保険金額の30％（時価額の30％が限度）
一部損	地震保険の保険金額の5％（時価額の5％が限度）

【全損、大半損、小半損、一部損の基準】

	基準
全損	地震等により損害を受け、主要構造部（土台、柱、壁、屋根等）の損害額が、時価額の50％以上となった場合、または焼失もしくは流失した部分の床面積が、その建物の延床面積の70％以上となった場合
大半損	地震等により損害を受け、主要構造部（土台、柱、壁、屋根等）の損害額が、時価額の40％以上50％未満となった場合、または焼失もしくは流失した部分の床面積が、その建物の延床面積の50％以上70％未満となった場合
小半損	地震等により損害を受け、主要構造部（土台、柱、壁、屋根等）の損害額が、時価額の20％以上40％未満となった場合、または焼失もしくは流失した部分の床面積が、その建物の延床面積の20％以上50％未満となった場合
一部損	地震等により損害を受け、主要構造部（土台、柱、壁、屋根等）の損害額が、時価額の３％以上20％未満となった場合、または建物が床上浸水もしくは地盤面より45㎝をこえる浸水を受け、建物の損害が全損・大半損・小半損に至らない場合

▫地震保険の保険料

地震保険の保険料は、住宅の構造（鉄筋コンクリート造、木造等）と、住宅の所在地（都道府県）によって異なり、木造よりも鉄筋コンクリート造は保険料が安く、また、大規模地震により大きな被害が予想される地域の保険料は、他の地域と比較すると高くなっています。

一方で、地震保険は、「地震保険に関する法律」に基づく制度であるため、保険会社による保険料の差はなく、同じ構造・所在地・保険金額の住宅であれば、保険料も同一に設定されています。

▫水災補償

水災とは、台風などによる洪水でマンションなどの建物に浸水被害が発生することです。洪水の原因は、大雨により河川が増水して堤防が決壊してしまう外水氾濫と、大雨が下水管などで処理できずに堤防の内側に溢れ出す内水氾濫があります。

２０１９年に武蔵小杉駅周辺で発生したタワーマンションの浸水被害は、台風19号（令和元年東日本台風）の大雨による内水氾濫でした。浸水被害にあったタワーマンションでは、電気設備の水没により停電し、エレベーターが使えず、断水によりトイレも使えない状態になりました。

この武蔵小杉駅周辺での浸水被害をきっかけに、浸水対策の見直しとともに「水災補償」を検討するマンションが増えました。「水災補償」は、火災保険の特約としてつけるもので、台風などの大雨による浸水被害を補償しますが、一般的な支払い要件は、床上浸水又は地盤面から45㎝を超えて浸水した場合、再調達価額（保険契約の対象物と同等のものを再築または再取得するために必要な金額）の30％以上の損害を受けた場合です。

16 組合員名簿と居住者名簿

▫組合員名簿

標準管理規約第64条（帳票類等の作成、保管）には、「理事長は組合員名簿を作成し保管しなければならない。」旨の規定がありますので、標準管理規約を準拠している管理組合では、組合員名簿は作成する義務があるということになります。

組合員名簿は、主に総会、理事会など集会の開催通知、議事録の送付先等管理組合からの通知や連絡に使用します。また、組合員が管理費・修繕積立金を滞納した場合の督促状の送り先にも使用し、さらには滞納金の回収を目的とした訴訟を起こす場合には、滞納者（組合員）の住所が判明している必要があります。このため、適切なマンションの管理を行う上で、組合員名簿は必ず作成し保管しておく必要があるのです。

▫居住者名簿

居住者名簿は、標準管理規約にも作成の根拠はなく、プライバシーや個人情報保護の観点から、作成が進まない管理組合も多いようです。しかし、マンション内で水漏れや火災などが発生した場合の緊急連絡先や災害時の安否確認など、何かあった時には必要となるものですので、管理組合で作成し保管しておくべきだと考えます。

また、改正マンション管理適正化法（令和4年4月1日施行）では、市町村長等が管理組合の適切な管理状況を認定する「管理計画認定制度」が新たに規定されました。この中で、認定基準の基本事項として「区分所有者及び居住者の名簿を備えており、各名簿について年1回以上、内容の確認が行われていること。」と定められていますので、居住者名簿の作成は、市町村長等が適切な管理を行う管理組合として認定する際の必須条件となりました。

▫個人情報保護法

マンション管理組合は、個人情報保護法第2条に定める「個人情報取扱事業者」に該当しますので、「個人情報」の取り扱いに関しては、法律に基づく事業者としての義務が課せられます。
個人情報保護法において「個人情報」とは、生存する個人に関する情報で、氏名や生年月日その他の記述等により特定の個人を識別することができるものとしています。このため、管理組合で作成する組合員名簿や居住者名簿の取り扱いについては、個人情報保護法の規定が適用されることになります。

個人情報保護法に定める「個人情報取扱事業者」に係る主な規定は、次のとおりです。

①利用目的の特定（第15条）
個人情報取扱事業者は、個人情報を取り扱うに当たっては、その利用目的をできる限り特定しなければならない。
②利用目的による制限（第16条）
個人情報取扱事業者は、あらかじめ本人の同意を得ないで、前条の規定により特定された利用目的の達成に必要な範囲を超えて、個人情報を取り扱ってはならない。
③適正な取得（第17条）

個人情報取扱事業者は、偽りその他不正の手段により個人情報を取得してはならない。

④取得に際しての利用目的の通知等（第18条）

個人情報取扱事業者は、個人情報を取得した場合は、あらかじめその利用目的を公表している場合を除き、速やかに、その利用目的を、本人に通知し、又は公表しなければならない。

⑤データ内容の正確性の確保等（第19条）

個人情報取扱事業者は、利用目的の達成に必要な範囲内において、個人データを正確かつ最新の内容に保つとともに、利用する必要がなくなったときは、当該個人データを遅滞なく消去するよう努めなければならない。

⑥安全管理措置（第20条）

個人情報取扱事業者は、その取り扱う個人データの漏えい、滅失又はき損の防止その他の個人データの安全管理のために必要かつ適切な措置を講じなければならない。

⑦委託先の監督（第22条）

個人情報取扱事業者は、個人データの取扱いを委託する場合は、委託を受けた者に対する必要かつ適切な監督を行わなければならない。

⑧第三者提供の制限（第23条）

個人情報取扱事業者は、次に掲げる場合を除くほか、あらかじめ本人の同意を得ないで、個人データを第三者に提供してはならない。

ア　法令に基づく場合

イ　人の生命、身体又は財産の保護のため必要がある場合

ウ　公衆衛生又は児童の健全な育成のため特に必要がある場合

エ　国、地方公共団体等に協力する必要がある場合

▫居住者名簿及び組合員名簿に関する細則モデル

個人情報保護法に基づき適切に名簿を作成・管理・運用するためには、名簿の取り扱いに関する細則を策定しておく必要があります。

公益財団法人マンション管理センターでは、「居住者名簿の取扱いに関する細則モデル及び同細則モデルに係るコメント」及び「組合員名簿の取扱いに関する細則モデル及び同

細則モデルに係るコメント」を作成、公表していますので、各名簿作成の際には参考資料として活用することができます。

17 火災発生時の避難行動の基本

一般的な鉄筋コンクリート造のマンションの各住戸は、界壁とスラブ等で防火区画されており、また、バルコニーやスパンドレルによって上階にも延焼しない構造となっています。このため、マンションの住戸内で発生した火災は、構造上の欠陥等がなければ他の住戸に燃え広がることはないのです。

火災発生時に安全に避難するためには、自宅からの避難経路を確認しておき、実際に火災が発生した状況をイメージしておくことで、いざという時にも慌てずに避難できる自信が付くと思います。

マンションは構造上、どこからも2方向への避難が可能になっています。各住戸からは、バルコニー側と廊下側の2方向に避難できます。バルコニーからは、隔て板を割って左右の住戸に避難でき、さらに、避難ハッチで下階に避難できます。廊下からは左右の避難階段に向かって避難することができます。

避難階段は、煙が充満しない屋外階段が一般的ですが、タワーマンションなどの超高層建物では、煙が充満しない構造の特別避難階段が設置されています。なお、超高層建物の場合は、屋上への避難も可能な場合がありますが、屋上への出入り口は普段は施錠されていて火災時に自動的に解錠する電気錠が設置されている場合もありますので確認が必要です。また、消防隊が使用する目的で設置されている非常用エレベーターを、避難に支障がある人に限って使用できる旨の避難計画を作成して活用する方法もあります。

18 エレベーターの安全基準の改正

平成17年7月の千葉県北西部地震において発生したエレベーターの閉じ込め事故、平成18年6月の港区シティハイツ竹芝のシンドラー社製エレベーターの戸開走行事故等を受け、エレベーターの安全基準の見直しを行った結果、建築基準法施行令が平成20年9月に改正され平成21年9月に施行されました。

〔改正の概要〕

1 戸開走行保護装置の設置義務付け

平成18年のエレベーター事故の原因は、かごを保持する電磁ブレーキが十分にかからず、かごと釣合いおもりのアンバランスにより、かごが上昇して事故に至ったと推定されています。

このため、エレベーターの駆動装置や制御器に故障が生じ、かご及び昇降路のすべての出入り口の戸が閉じる前にかごが昇降した時などに自動的にかごを制止する安全装置の設置を義務付けています。

いわゆる二重ブレーキの義務付けです。

2　地震時管制運転装置（P波）の設置義務付け

平成17年の千葉県北西部地震において、閉じ込めが発生した78台のエレベーターのうち73台には従来からの地震時管制運転装置が装備されていました。

このため、地震等の加速度（初期微動）を検知して自動的にかごを昇降路の出入口の戸の位置に停止させ、かつ、当該かごの出入口の戸及び昇降路の出入口の戸を開くことができる新たな地震時管制運転装置（予備電源を含む。）の設置を義務づけています。

いわゆるP波センサーの義務付けです。

3　主要機器の耐震補強の義務付け

耐震補強の内容は、かご及び釣合いおもりのレールからの外れ防止対策、主索等の滑車からの外れ防止対策、昇降路内突出物への主索等の絡まり防止対策、駆動装置・制御器の転倒・移動防止対策、釣合いおもりの脱落防止対策などです。

また、建築基準法施行令の改正によって、平成14年から、エレベーターの昇降路を「遮炎性能」及び「遮煙性能」を有する防火設備で防火区画することが義務付けられました。

19 適用除外規定（既存不適格）

建築基準法第3条と消防法第17条の2の5で規定されているのが「適用除外」です。各条の見出しには「適用除外」と記載されています。

なお、法律の見出しとは、条文の内容を簡潔に表現して、条文の右肩に括弧書きにして付けるもので、条文が規定している内容の理解と検索の便に供しようとするものです。見出しは、最近では例外なく付けられていますが、古い法令には付けられていないものもあります。その一つが消防法ですが、市販の法令集などには便宜的に見出しが付けられています。

また、既存不適格という言い方は、建築基準法を含め法令条文の中では使われていない用語ですが、一般的に多くの場面で使用されているため、実用的な言い方として定着しています。

1「適用除外」の趣旨・目的

各条の趣旨は、基準法令の改正に伴って常に基準に適合させなければならないとすれば、設備の設置や建物の改修などが必要となり、建物所有者等に大きな経済的な負担を強いることになるわけです。このため義務化による効果と建物所有者等の経済的な負担との調整を図ること等のために設けられたのが、この適用除外規定です。

2 法の不遡及の原則（事後法）との違い

適用除外規定（既存不適格）のことを、法の不遡及の原則（事後法）であると考える場合があるようです。

つまり、「建物又は設備は、建築時の法令に適合していれば、その後に改正された法令は事後法であるから、法の不遡及の原則により、既存の建物又は設備には遡って適用されない。」との考えですが、これは誤解であり、適用除外規定の趣旨・目的は前記のとおりです。

既存の建物又は設備であっても、法令が改正されれば、新しい法令基準が適用になるのが原則です。

このために適用除外規定（建築基準法第３条及び消防法第17条の２の５）を設けているわけです。言い換えれば、建築基準法第３条及び消防法第17条の２の５は、本来、適用されるべき法令基準について、一定の場合を除き適用しないというものです。

例えば、平成16年の消防法改正により、新たに消防法第９条の２（住宅用防災機器）の規定が追加されましたが、この規定は消防法第17条の２の５に定める適用除外規定には該当しないため、既存のマンションにも設置が義務付けられています。

3 改正法令に適合させる改修等が必要な場合

(1) 建築基準法の場合

次のアからウに該当する場合は、建築基準法第３条の適用除外規定は適用されません。

ア　改正前の基準に違反している建築物

イ　従前の都市計画の制限に違反している建築物

ウ　増築等を行った建築物

これらのうち、ウについて説明します。

増築をする場合は、原則として改正後の現行法令に適合する必要がありますが、増築部分だけではなく、原則として建物全体が対象になりますので、既存の建物全体を現行法令に適合するような大規模な改修工事が必要となります。

つまり、旧耐震基準の建物を増築する場合には、新耐震基準に適合させなければならないというのが原則です。しかし、過大な経済的な負担を考慮し、一定の条件を満たした場合の緩和規定が設けられています。

また、例えば、マンションの敷地内に防災用の倉庫（物置）を置いた場合も、法令上は増築となることがありますので注意が必要です。建築基準法において建築物の定義は「土地に定着する工作物のうち、屋根及び柱若しくは壁を有するもの」としています。基礎のない物置が土地に定着する工作物かどうかの判断は行政が行うことになります。

⑵ 消防法の場合

既存の消防用設備等（消防の用に供する設備、消防用水及び消火活動上必要な施設）であっても、次のアからウに該当する場合は、消防法第17条の2の5は適用されません。

ア　従前の規定に違反している場合
イ　規定の施行又は適用の後である政令で定める増築、改築又は大規模の修繕若しくは模様替えの場合
ウ　百貨店、旅館、病院など多数の者が出入りする特定防火対象物

ウについて、さらに説明します。

百貨店、旅館、病院など多数の者が出入りする特定防火対象物（建築物）では、火災が発生した場合には人命危険が極めて高いとの判断から、建物所有者等に過度な経済的な負担を課すことがあっても、人命安全の見地から適用除外規定（消防法第17条の2の5）は、適用しないこととされています。従って、常に最も新しい基準法令（経過規定により一定期間の猶予はある）に基づいて設備等の改修工事を行う必要があるということです。

なお、本条の趣旨は、所有者等の過大な経済的な負担の調整を図ることですので、前述のとおり、住宅用火災警報器の設置などは経済的な負担が少ないと考えられることから、適用除外規定（消防法第17条の2の5）の範囲から外れた第9条の2で規定しているため、既存の建物（マンション）であっても法改正によって設置義務が生じることになるわけです。

20 一般用エレベーターの防災対策

▫火災時管制装置

火災時管制装置とは、火災が発生した際に、エレベーターに乗車中の人を安全に避難させるための装置です。

動作順序は、火災を感知した自動火災報知設備からの信号又は管理室等で火災管制スイッチを「入」に切り替えることで、エレベーターは避難階（直接地上へ通ずる出入口のある階）に直行し、着床後に扉を開き、一定時間後に扉を自動的に閉め運転を休止します。

▫地震時管制装置

地震時管制装置とは、地震が発生した際に、エレベーターに乗車中の人の閉じ込めを防ぎ安全に避難させるための装置です。

動作順序は、地震の揺れを地震感知器（P波又はS波）が感知すると、エレベーターは最寄り階に自動停止し、着床後に扉が自動的に開くことで閉じ込めを防ぎます。

▫エレベーターの閉じ込め対策

地震時管制装置が設置されていても、正常に装置が動作せずに閉じ込めが発生する場合もありますので、そのための対策を講じておく必要があります。

⑴　エレベーター内に防災キャビネット（三角コーナー）を設置しておきます。キャビネット内には簡易トイレ、手回し充電ライト、飲料水、ホイッスル、救急用品、ポンチョなどが収納されています。

⑵　住民による救出訓練を行います。エレベーター会社立会いのもと、①電源を止める。②扉の鍵を開錠する（管理室等で保管している場合が多いです）。③扉を手動で開ける。④階の途中で止まっている場合は脚立を活用して救出します。

21 非常用エレベーターの設置義務

▫非常用エレベーターの設置義務がある建築物

建築基準法第34条（昇降機）第2項には、次のような規定が設けられています。

「2　高さ31ｍをこえる建築物（政令で定めるものを除く。）には、非常用の昇降機を設けなければならない。」

建築基準法上、昇降機には、エレベーター、エスカレーター及び小荷物専用昇降機（旧ダムウエーター）の3種類がありますが、この規定ではエレベーターに限定しています（令第129条の13の3）。

つまり、非常用のエレベーターを設けなければならない建築物は、高さ（地盤面からの高さ）が31ｍを超える建築物です。

□高さ31ｍをこえる建築物であっても非常用エレベーターの設置を要しない建築物（令129条の13の2）

①高さ31ｍを超える部分が階段室や機械室などの建築物、②高さ31ｍを超える部分の各階の床面積の合計が５００㎡以下の建築物、③高さ31ｍを超える部分の階数が４以下の主要構造部を耐火構造とした建築物で、当該部分の床面積の合計１００㎡以内ごとに耐火構造の床若しくは壁又は特定防火設備（火災の炎に1時間以上耐えられる構造として、国土交通大臣が定める構造等のもの）で区画されているもの、などが高さ31ｍを超えても非常用エレベーターの設置を要しない建築物ということです。

□13階又は14階建てマンションが多い理由

13階又は14階建てマンションが多い理由の一つとして、③の規定により非常用エレベーターの設置が免除されるということがあります。

マンションは、1階層あたり概ね3ｍの高さで設計されるため、概ね11階以上が高さ31ｍを超える部分となるわけです。つまり、31ｍを超える部分の階数が4以下とは、14階建て以下ということになります。

なお、③の規定のうち、専有面積が１００㎡以上の住戸には、１００㎡以内ごとに耐火構造の床若しくは壁又は特定防火設備で住戸内を区画する必要があります。さらに、この特定防火設備（防火戸など）は、毎年、検査資格者に閉鎖又は作動について検査させ、結果を特定行政庁に報告する義務があります（建築基準法第12条）。

22 非常用エレベーターの防災機能

非常用エレベーターの設置目的

高さ31m以上の建築物は、はしご付き消防自動車の活動限界を超えるため、消火活動上必要な施設として非常用エレベーターの設置を義務付けているのです。このため、非常用エレベーターは火災時には消防隊が専用で使用することになっています。

火災時の運転方法

①乗降ロビー又は中央管理室の呼戻しスイッチを入れると、かごは直ちに避難階に呼戻され、扉を開けて待機状態となる。

②消防隊到着後、かご内で1次消防運転に切り替えると、かご内で行先ボタンを押せば目的階まで運転できるようになる。

③1次消防運転が機能しなくなった場合、かご内で2次消防運転に切り替えることで、

扉が閉まらないような場合でも運転できるようになる。

また、非常用エレベーターには、かご内と中央管理室とを連絡する電話装置が設けられています。

▫避難時の特例使用

非常用エレベーターは、平時には、通常のエレベーターと同様に使用していますが、火災時には消防隊が専用で使用するものですので避難には原則として使用できません。しかし、身体の不自由な方など避難に支障がある方に限定して火災時の避難に使用できる旨の消防計画を作成することは考えられます。

▫予備電源

非常用エレベーターには、非常用エレベーターが全負荷で60分連続運転できるだけの予備電源を設けなければならないため、非常用発電機が設置されています。

このため、タワーマンションなどには非常用発電機が設置されていますが、実は、殆どのタワーマンションの非常用発電機は非常用エレベーターなど防災設備専用であり、照明やコンセントなど避難生活に必要な電源には使えないのです。しかし、居住者の中には、大規模災害時などで停電になった場合には、非常用発電機の電源が使えると誤解している方もいるようです。

23 避難階段と特別避難階段

避難階又は地上に通ずる階段を直通階段と呼びますが、その安全性を高めたものが避難階段と特別避難階段です。

建築基準法施行令では、建築物の5階以上の階又は地下2階以上の階に通ずる直通階段は避難階段とし、建築物の15階以上の階又は地下3階以下の階に通ずる直通階段は特別避難階段としなければならないと規定しています。

［屋内避難階段の構造］

- 階段は、耐火構造とし避難階まで直通するとともに、階段室は耐火構造の壁で囲み下地を不燃材料で造ります。
- 階段室に設ける戸は、常時閉鎖式の防火設備（防火戸）とするか、火災時には煙感知器により自動閉鎖する防火設備（防火戸）とし、遮煙性能を有するものとします。戸は避難する方向に直接手で開くものとします。
■また、階段室には、採光上有効な窓又は予備電源付きの照明設備が必要です。

［特別避難階段の構造］

特別避難階段は、屋内避難階段へ入る前にバルコニー又は附室を経由させることで、階段室への火煙の侵入を防ぎ、より安全性を高めたものであり、屋内避難階段との違いは、附室等があることです。

附室には、流入した煙を排出するための排煙設備又は外気に向かって開放できる窓（排煙窓）を設けなければなりません。また、附室は、非常用エレベーターの乗降ロビーを兼ねています。

24 非常用照明装置と誘導灯

1 非常用照明装置（建築基準法）

非常用照明装置は、火災時に避難する際に廊下や階段、居室などに一定の照度を確保するための照明装置です。

▫設置が必要な場所

非常用照明装置は、建築基準法別表第1（い）欄（1）項から（4）項までに掲げる用途に供する特殊建築物の居室（集会場、診療所、共同住宅、児童福祉施設、飲食店、物品販売店舗など）及び、これらの居室から地上へ通ずる廊下、階段その他の通路に設けなければならない、と規定されています。但し、これらの居室のうち共同住宅（マンション）の住戸及び、通路（廊下、階段）のうち採光上有効に直接外気に開放された部分は除かれています。

つまり、マンションにおいて、非常用照明装置の設置が必要な場所は、屋内階段、屋内の廊下、エントランスなどです。さらに、マンション内に集会場や店舗などがあれば、その室内には設置する必要があります。

▫ **非常用照明装置の構造**

火災時において停電した場合に自動的に点灯し、床面において1ルクス以上の照度を確保できるものとし、また、非常用照明装置には30分以上容量のある予備電源を設ける必要があります。予備電源は蓄電池内蔵のものが多く、蓄電池の更新年数が5～7年と短いため、他の設備に比較して維持費がかかります。

② 誘導灯（消防法）

誘導灯には、避難口誘導灯と通路誘導灯があり、避難する際に避難口や避難方向を明示し安全に避難を誘導するためのものです。誘導灯は緑色の灯火で普段は常用電源により点灯し、停電時には自動的に非常電源に切替わります。

共同住宅（マンション）において設置が必要な場所は、地階、無窓階、11階以上の階の部分です。

避難口誘導灯は、避難口である旨を表示した緑色の灯火で、避難口に避難上有効なものとなるように、また、通路誘導灯は、避難の方向を示した緑色の灯火で、廊下、階段、通路等に避難上有効なものとなるよう設けることとされています。

また、誘導灯には20分以上容量のある非常電源を設けることとされています。

3 非常用照明装置と誘導灯の違い

非常用照明装置は、建築基準法で定められており、通常は点灯している必要はなく、停電時に自動的に予備電源で点灯する白色灯であるのに対し、誘導灯は、消防法で定められており、常時点灯していて停電時には自動的に非常電源で点灯する緑色灯です。

なお、非常用照明装置（建築基準法）は予備電源と呼び、容量は30分間であるのに対し、誘導灯（消防法）は非常電源と呼び、容量は20分間と定められています。

25 マンションの防火設備（建築基準法第2条）

□防火設備と遮炎性能

防火設備とは、建築基準法において、その構造が通常の火災時における火炎を有効に遮るために必要な性能（遮炎性能）を有するものであり、防火戸、ドレンチャー設備（水幕を作り出し建築物をその水幕で覆うようにして他からの延焼を防ぐもので、文化財建築物などに使用されます）その他火炎を遮る設備と定義しています。

防火設備に必要な遮炎性能とは、防火設備に通常の火災による火熱が加えられた場合に、加熱開始後20分間当該加熱面以外の面に火炎を出さないものとしています。なお、遮炎時間が1時間のものを特定防火設備と定義しています。

また、準遮炎性能とは、防火設備に建築物の周囲において発生する通常の火災による火熱が加えられた場合に、過熱開始後20分間当該加熱面以外の面（屋内に面するものに限る）に火炎を出さないものと定義されています。

遮炎性能と準遮炎性能は、過熱開始後20分間は同じですが「遮炎性能」は両面遮炎であるのに対し、「準遮炎性能」は片面遮炎という違いがあります。

▫マンション内の防火設備

マンションにおいて防火設備が設置されている主な場所としては、屋内避難階段の階段室に設ける防火戸、非常用エレベーターの設置を要しない建築物の31ｍを超える部分に100㎡ごとに設ける防火区画、延焼のおそれのある部分（建物の部分が道路中心線又は隣地境界線から1階は3ｍ以下、2階以上は5ｍ以下の距離にあるもの）に設けられる窓や玄関ドアなどがあります。

▫防火設備の構造

防火設備のタイプとしては、火災発生時に煙又は熱により自動閉鎖する常時開放式のもの、又は常時閉鎖式のものがあります。

それぞれ次の要件があります。

常時開放式のものは、随時閉められること。煙感知器等と連動して自動的に閉鎖すること。くぐり戸を設けること。

常時閉鎖式のものは、直接手で開放できること。開放状態から自動的に閉まること。戸の面積が３㎡以下であること。ドアストッパーがないこと。など。

26 特定共同住宅

特定共同住宅とは（平成17年3月25日総務省令第40号）共同住宅（マンション）であって、火災の発生又は延焼のおそれが少ないものとして、その位置、構造及び設備について消防庁長官が定める基準に適合するものをいいます。

▫特定共同住宅の位置、構造及び設備（平成17年3月25日消防庁告示第2号）

通常用いられる消防用設備等に代えて、必要とされる防火安全性能を有する消防の用に供する設備等を用いることができる特定共同住宅等の位置、構造及び設備として消防庁長官が定める基準は、次のとおりです。

1　主要構造部を耐火構造

2　共用部分の壁及び天井の室内に面する部分の仕上げを準不燃材料

3　住戸等は開口部のない耐火構造の床又は壁で区画
但し、床又は壁を貫通する配管等及びその貫通部に一定の防火措置を施した開口部は設けることができる。

□**特定共同住宅に設けられる消防設備**

消防法施行令第29条の4の規定に基づき、特定共同住宅等における必要とされる防火安全性能を有する消防設備は、次のとおりです。

1　住宅用消火器
2　共同住宅用自動火災報知設備
3　住戸用自動火災報知設備
4　共同住宅用非常警報設備
5　共同住宅用スプリンクラー設備
6　共同住宅用連結送水管
7　共同住宅用非常コンセント設備

▫2方向避難・開放型特定共同住宅等とは

特定共同住宅等における火災時に、すべての住戸、共用室及び管理人室から、少なくとも1以上の避難経路を利用して安全に避難できるようにするため、避難階又は地上に通ずる2以上の異なった避難経路を確保し、かつ、その主たる出入口が開放型廊下又は開放型階段に面していることにより、特定共同住宅等における火災時に生ずる煙を有効に排出することができる特定共同住宅等として消防庁長官が定める構造を有するものをいいます。

▫共同住宅用スプリンクラー設備の設置免除

次の基準に該当する場合は、共同住宅用スプリンクラー設備の設置を免除することができます。

2方向避難・開放型特定共同住宅（11階以上の部分を含む）において、住戸、共用室及び管理人室の壁及び天井の室内に面する部分の仕上げを準不燃材料以上とし、かつ、共用室と共用室以外の特定共同住宅等の部分を区画する壁に設けられる開口部に、特定防火設備である防火戸が設けられているとき。

27 特定共同住宅の消防設備の概要

1 住宅用消火器

- 住宅用消火器は、住宅における使用に限り適した構造及び性能を有するもので、住戸、共用室又は管理人室ごとに設置します。
- 住宅用消火器は、通常の消火器よりも小型。
- 共用部分には住宅用消火器以外の消火器を設置します。

2 共同住宅用自動火災報知設備

- 共同住宅用自動火災報知設備は、住棟受信機、住戸等に設ける受信機、感知器、戸外表示器等で構成されています。
- 自動試験機能又は遠隔試験機能を有し、住戸に設置された自動試験機能等対応型感知器の機能の異常が当該住戸の外部から容易に確認できます。

■住戸等に音声により警報を発します。

3　住戸用自動火災報知設備

■住戸用自動火災報知設備は、住戸等に設ける受信機、感知器、戸外表示器等で構成されています。

■遠隔試験機能を有し、住戸に設置された自動試験機能等対応型感知器の機能の異常が当該住戸の外部から容易に確認できます。

4　共同住宅用非常警報設備

■共同住宅用非常警報設備は、起動装置、音響装置、操作部等で構成されています。

■住戸等の外部に設置され、起動装置の操作により音響装置が鳴動し、共用部分に警報を発します。

5　共同住宅用スプリンクラー設備

■共同住宅用スプリンクラー設備は、小区画型スプリンクラーヘッド、制御弁、自動警報装置、加圧送水装置、送水口等で構成されています。

■住戸、共用室又は管理人室ごとに自動警報装置の発信部が設けられています。

6　共同住宅用連結送水管

共同住宅用連結送水管は、消防隊による活動を支援するための設備であって、放水口、配管、送水口等で構成されています。

地上7階以上のマンションには設置義務があり、さらに、高さ70ｍ（22階～24階程度）を超えるものは連結送水管を湿式とし加圧送水装置を設けることとされています。また、加圧送水装置には2時間以上の容量の非常電源が必要となります。

7　共同住宅用非常コンセント設備

共同住宅用非常コンセント設備は、消防隊による活動を支援するための設備であって、非常コンセント、配線等で構成されています。

地上11階以上の階には設置義務があり、階段室や非常用エレベーターの乗降ロビーなどに設置します。

28 防火区画貫通部の施工不良

令和2年に京都市内のマンション管理組合と区分所有者が、給排水管改修工事において消防法令等に違反する不備があったとして、施工業者や設計監理者を相手に損害賠償を求める訴訟を起こしました。

工事完了後、消防の立ち入り検査で、防火区画を配管が貫通する部分の埋め戻し処理が不備であるとの指摘と是正指導を受けたことで、新築時の特例で認められた自動火災報知設備などの設置義務の適用除外を受けられないため、消防法令に違反している状態となったわけです。

共同住宅（マンション）においては、一定の要件を満たす場合には、消防設備の設置義務の適用除外などを受けることができますが、その要件の一つに、床又は壁などの防火区画を配管等が貫通する部分は不燃材料で埋めることとされています。

この施工不良によって、消防法令違反になったことと同時に、もし火災が発生した場合には、配管貫通部の隙間から上階や隣の住戸に延焼拡大する危険な状態になっていることを認識しなければなりません。

29 消防設備の点検報告制度

消防設備の点検報告制度とは、消防設備が火災時にその機能を発揮することができるよう、定期的な点検の実施とその結果の消防署長等への報告を義務付けているものです（消防法第17条の3の3）。

▫点検報告が必要な消防設備

マンションにおいて点検報告が必要な主な消防設備には、消火器、誘導灯、避難設備、非常コンセント設備、連結送水管、屋内消火栓設備、自動火災報知設備、スプリンクラー設備などがあります。

▫点検の種類と報告

点検の種類は、機器点検と総合点検があり、機器点検は6ヶ月に1回、総合点検は1年に1回実施することとされています。そして、マンションについては3年に1回、消防署長等に点検結果の報告義務があります。

なお、自動火災報知設備の感知器や避難設備は、個人の住戸やバルコニーに入っての点検が必要となります。点検日に不在の住戸や点検のための入室を拒否する住戸等の問題は、どこのマンションにもありますが、点検業者との契約では実施率80％以上で履行済みとする場合が多いようです。

また、延べ面積1000㎡以上（例外もあります）では、消防設備士又は消防設備点検資格者の資格をもった者が点検を行うことが義務付けられています。

30 消火器と連結送水管の耐圧試験

▫消火器

消火器の耐圧試験は、変形、損傷又は漏水等がないかどうかを本体容器・キャップ（蓋）に所定の水圧をかけて検査するものです。

実施時期は、製造年から10年を経過したとき、又は外観点検で本体容器に腐食等が認められた場合に行います。さらに、それ以降は3年ごとに実施しなければならないため、10年で新しい消火器に更新した方が経済的に有利と判断する管理組合もあります。

▫連結送水管

連結送水管の耐圧点検は、送水口本体、配管、接続部分、弁類等の変形、漏水等がないことを所定の水圧をかけて検査するものです。

実施時期は、設置から10年を経過したときで、以降は3年ごとに実施する必要があります。連結送水管は、消火器のように新しいものに更新するには多額の工事費がかかるため、3年ごとに耐圧試験を実施している管理組合が殆どのようです。

31 二酸化炭素消火設備の事故概要と再発防止策

令和3年4月15日、東京都新宿区のマンション地下駐車場において、天井の石膏ボードの張替え作業中、二酸化炭素消火設備から誤って二酸化炭素が放出され、作業中の4名が死亡しました。また、令和2年12月には愛知県名古屋市、さらに令和3年1月には東京都港区においても同種の死亡事故が発生しています。

今回の事故の原因は、天井の石膏ボードの張替え作業中、天井の感知器を取り外した際に、二酸化炭素消火設備が誤動作して二酸化炭素が放出されたものと推定されています。

二酸化炭素消火設備の起動方式には「手動式」と「自動式」があり、「手動式」の場合は、手動で起動操作を行わなければ二酸化炭素は放出されませんが、今回のような無人の地下駐車場などでよく使用される「自動式」の場合は、感知器の作動と連動して自動的に二酸化炭素を放出しますので、作業などを行う際には十分な安全対策をとる必要があります。

なお、地下駐車場に適した消火設備は、二酸化炭素消火設備の他に、泡消火設備、ハロゲン化物消火設備、窒素消火設備、粉末消火設備などがありますが、人体にとって最も危険な二酸化炭素消火設備が多く設置されているのは「消火剤による汚損がない」「同じ不活性ガス消火剤の中でも窒素などと比較して安価である」といった理由からです。

二酸化炭素消火設備事故の検討結果報告書の公表

総務省消防庁は、令和4年3月30日、「二酸化炭素消火設備に係る事故の再発防止策に関する検討結果報告書」を公表しました。

この報告書は、令和2年12月から令和3年4月にかけて3件の死亡事故が発生したことを受け、再発防止のあり方について検討した内容です。

1　事故の概要

①令和2年12月、愛知県名古屋市（死者1名、負傷者10名）

ホテル立体駐車場の昇降チェーンとシャフトの取替え工事中

②令和３年１月、東京都港区（死者２名、負傷者１名）
ビル地下駐車場の消火設備点検中
③令和３年４月、東京都新宿区（死者４名、負傷者２名）
前記のとおり

２　二酸化炭素消火設備に係る事故の再発防止策

(1)　防護区画内での工事中の事故に係る再発防止策
名古屋市と新宿区の事故は、防護区画（二酸化炭素が放出されるエリア）内での二酸化炭素の誤放出によるもので、閉止弁を閉止しない状態で防護区画内に人が立ち入ったことが事故の要因としており、次の再発防止策を示しています。
①点検や工事のため、防護区画内に人が立ち入る場合は、閉止弁の閉止を行うことを、建物の所有者等（マンションでは区分所有者）の責務として明確化する。
②閉止弁が設置されていない二酸化炭素消火設備（現在、20％程度の設備には設置されていない。）には、閉止弁を設置することを義務化する。
③防護区画の出入口に、「二酸化炭素消火設備の危険性等に係る標識」を設置する。

(2)　二酸化炭素消火設備の点検中の事故に係る再発防止策

港区の事故は、二酸化炭素消火設備の点検中に二酸化炭素が誤放出したもので、その事故要因は、「点検実施前に起動用ガス容器に接続された操作管を取り外すなど、誤放出を防止する措置が適正に講じられない。」としており、次の再発防止策を示しています。

①消防設備士講習及び消防設備点検資格者講習の内容に、工事・点検時の保安に関する内容を追加する。

②建物の所有者等の責任において、「二酸化炭素消火設備の機器構成及び工事等の安全手順を記載した図書」を備え付けて置く。

③事故防止には、点検時の安全措置の手順を統一化することが有効であるため、新規設置の場合には「起動用ガス容器」を設置する。

④延べ面積が1000㎡未満の駐車場等の場合は、消防設備士又は消防設備点検資格者でない者も点検可能であるが、二酸化炭素消火設備が設置されている場合は、前記の有資格者が点検することとする。

32 定期調査・検査報告制度の概要

建築基準法第12条において、デパート、ホテル、病院などの建築物のうち、安全上、防火上又は衛生上特に重要なものとして政令（建築基準法施行令第16条）で定めるもの及び当該政令で定めるもの以外で、特定行政庁（建築主事を置く市町村の区域は市町村長、その他は都道府県知事）が指定する建築物の所有者は、これらの建築物の敷地、構造及び建築設備等について、定期に、一・二級建築士又は建築物調査員（特定建築物調査員、昇降機等検査員、建築設備検査員、防火設備検査員）にその状況の調査又は検査をさせて、その結果を特定行政庁に報告することを規定しています。

定期調査・検査報告には、次の四つがあります。

1　特定建築物の定期調査

2　防火設備の定期検査

3　建築設備の定期検査

4　昇降機等の定期検査

【参考根拠規定】

建築基準法

（報告、検査等）

第十二条　第六条第一項第一号に掲げる建築物で安全上、防火上又は衛生上特に重要であるものとして政令で定めるもの（国、都道府県及び建築主事を置く市町村が所有し、又は管理する建築物〈以下この項及び第三項において「国等の建築物」という。〉を除く。）及び当該政令で定めるもの以外の特定建築物（同号に掲げる建築物その他政令で定める建築物をいう。以下この条において同じ。）で特定行政庁が指定するもの（国等の建築物を除く。）の所有者（所有者と管理者が異なる場合においては、管理者。第三項において同じ。）は、これらの建築物の敷地、構造及び建築設備について、国土交通省令で定めるところにより、定期に、一級建築士若しくは二級建築士又は建築物調査員資格者証の交付を受けている者（次項及び次条第三項において「建築物調査員」という。）にその状況の調査（これらの建築物の敷地及び構造についての損傷、腐食その他の劣化の状況の点検を含み、これらの建築物の建築設備及び防火戸その他の政令で定める防火設備〈以下「建築設備等」という。〉についての第三項の検査を除く。）をさせて、その結果を特定行政庁に報告しなければならない。

3　特定建築設備等（昇降機及び特定建築物の昇降機以外の建築設備等をいう。以下この項及び次項において同じ。）で安全上、防火上又は衛生上特に重要であるものとして政令で定めるもの（国等の建築物に設けるものを除く。）及び当該政令で定めるもの以外の特定建築設備等で特定行政庁が指定するもの（国等の建築物に設けるものを除く。）の所有者は、これらの特定建築設備等について、国土交通省令で定めるところにより、定期に、一級建築士若しくは二級建築士又は建築設備等検査員資格者証の交付を受けている者（次項及び第十二条の三第二項において「建築設備等検査員」という。）に検査（これらの特定建築設備等についての損傷、腐食その他の劣化の状況の点検を含む。）をさせて、その結果を特定行政庁に報告しなければならない。

33 特定建築物の定期調査

1　調査・報告対象のマンション（特定建築物）

安全上、防火上又は衛生上特に重要なものとして政令で定めるマンション（グループホーム、老人ホーム、サービス付き高齢者向けに限定）及び、これら以外の一般的なマンションで特定行政庁が指定するものとなります。

［特定行政庁が指定するマンションの例］

■東京都（5階以上、かつ、1000㎡を超えるもの）

■埼玉県（6階以上のもの）

■神奈川県（指定なし）

2　報告時期

3年ごと

3　調査項目等

建築物の定期調査報告における調査及び定期点検における点検の項目、方法及び結果の判定基準並びに調査結果表を定める件（国土交通省告示第282号）に、以下のように記載されています。

1．敷地・地盤

地盤や敷地に加えて、塀や擁壁の状態を目視中心に調査します。ひび割れや陥没などの損傷具合、排水が正しく行われているか、敷地内の通路が適法状態であるか等について調査します。

2．建築物の外部

基礎や外壁の状態を目視中心に、基礎や外壁にひび割れ・沈下等の問題がないかに加えて、広告板や室外機などの設置状態等について調査します。

なお、平成20年の建築基準法改正以降、外壁調査が強化され、それまでテストハンマーによる打診等の確認は、手の届く範囲で行っていましたが、以下のように全面打診調査の規定が追加されました。

「竣工後、外壁改修後若しくは落下により歩行者等に危害を加えるおそれのある部分の全面的なテストハンマーによる打診等を実施した後10年を超え、かつ、3年以内に落下により歩行者等に危害を加えるおそれのある部分の全面的なテストハンマーによる打診等を実施していない場合にあっては、落下により歩行者等に危害を加えるおそれのある部分を全面的にテストハンマーによる打診等により確認する（3年以内に外壁改修等が行われることが確実である場合又は別途歩行者等の安全を確保するための対策を講じている場合を除く）」

つまり、前記の全面打診調査は、竣工後又は全面打診調査（大規模修繕工事等）実施後の11年後から14年後（大規模修繕工事を予定している場合は更にその後3年以内）の間に実施する必要があるということです。

また、テストハンマーによる全面打診調査には仮設足場等の設置が必要となるため、建築物の所有者にとって費用負担が大きいという課題解決のため、ドローンの活用を含めた非接触方式による外壁調査の診断手法も進められています。

3．屋上及び屋根

屋上及び屋根部分のパラペット、笠木、ドレーンを含む排水溝等、また、冷却塔などの機器について、劣化及び損傷の状況を目視やテストハンマーで調査します。

4．建築物の内部

建築物の内部が、建築基準法に定められている状態に維持されているかを目視又は設計図書等で調査する内容が中心となります。

防火区画の状況については設計図書等で確認します。また、給水管、電気配線、風道の区画貫通部の埋戻し充填等の状況については、設計図書等により確認し、点検口がある場合には点検口から目視により確認します。界壁、間仕切壁及び隔壁の状況についても設計図書等及び点検口により確認します。

天井、壁、床の室内に面する部分については、劣化及び損傷の状況を目視により確認します。

照明器具、懸垂物等の落下防止対策の状況については、目視や触診により確認します。

石綿等を添加した建築材料について、設計図書、分析機関による分析結果や目視により確認します。

5．避難施設等

廊下、通路、出入口、避難上有効なバルコニー、避難階段、特別避難階段、防煙壁、排煙設備、非常用進入口、非常用エレベーター、非常用照明など、火災時の避難に重要な点が建築基準法に適合しているかを目視や設計図書で調査します。

6．その他

免震構造建物の免震層及び免震装置、避雷設備、煙突などについて、目視や点検記録によって調査します。

34 防火設備の定期検査

1　検査対象のマンション及び防火設備

特定建築物に指定された定期調査が必要なマンションで、随時閉鎖（火災による煙や熱を感知し、自動的に閉鎖すること）又は、作動できる防火設備（防火ダンパーを除く。）。

2　報告時期

1年ごと

3　検査項目等

防火設備の定期検査報告における検査及び定期点検における点検の項目、事項、方法及び結果の判定基準並びに検査結果表を定める件（国土交通省告示第723号）に、以下のように記載されています。

1．防火扉と連動機構

防火扉、煙感知器等、温度ヒューズ、予備電源、自動閉鎖装置などについて、防火扉の閉鎖に支障となる物品の放置、劣化及び変形等の状況を目視や触診で確認するとともに、煙感知器等を作動させ又は温度ヒューズを外し、全ての防火扉の作動の状況を確認します。また、少なくとも一以上の防火扉については予備電源に切り替えた状態で作動の状況を確認します。

2．防火シャッターと連動機構

駆動装置、カーテン部、まぐさ及びガイドレール、危害防止装置、煙感知器等、温度ヒューズ、予備電源、自動閉鎖装置、手動閉鎖装置などについて、防火シャッターの閉鎖に支障となる物品の放置、劣化及び変形等の状況を目視や触診で確認するとともに、煙感知器等を作動させ又は温度ヒューズを外し、全ての防火扉の作動の状況を確認します。また、少なくとも一以上の防火扉については予備電源に切り替えた状態で作動の状況を確認します。

3．耐火クロススクリーン、ドレンチャー設備

目視や触診で確認するとともに、前記のような作動の状況を確認します。

35　建築設備の定期検査

1　検査対象のマンション及び建築設備

特定建築物に指定された定期調査が必要なマンションで、換気設備、排煙設備（排煙機又は送風機を有するもの）、非常用の照明設備、給水設備及び排水設備。

2　報告時期

1年ごと

3　検査項目等

建築設備等（昇降機及び遊戯施設を除く。）の定期検査報告における検査及び定期点検における点検の項目、事項、方法並びに結果の判定基準並びに検査結果表を定める件（国土交通省告示第285号）に、以下のように記載されています。

1．換気設備（中央管理方式の空気調和設備を含む。）

機械換気設備、給気口及び排気口、空気調和設備、防火ダンパーなどについて、劣化及び損傷等の状況を目視や触診により確認するとともに、気流検知器又は風速計により空気の流れを確認します。

2．排煙設備

排煙機、排煙口、排煙風道、手動開放装置、防火ダンパーなどについて、劣化及び損傷等の状況を目視や触診により確認し、防火区画等の貫通部の措置を目視により確認するとともに、排煙風量については風速計を用いて測定します。

3．非常用照明装置

照明器具、ランプ、配線、蓄電池などについて、劣化及び損傷等の状況を目視により確認するとともに、予備電源への切替えの状況、照度計により照度の状況、テスターによる電気回路の状況などを確認します。

4．給水設備及び排水設備

給水管、給水タンク、給水ポンプ、排水槽、排水トラップ、排水管、通気管などについて、劣化及び損傷等の状況を目視や触診により確認するとともに、給水管の保温措置の状況、水圧計による給水ポンプの運転状況などを確認します。

36 昇降機等の定期検査

1　検査対象のマンション及び昇降機等

エレベーター（かごが住戸内のみを昇降するものを除く。）。

2　報告時期

1年ごと

3　検査項目等

昇降機の定期検査報告における検査の項目、事項、方法及び結果の判定基準及び検査結果表を定める件（国土交通省告示第283号）に、以下のように記載されています。

1．機械室（機械室を有しないエレベーターは共通）

照明装置、換気設備、制御装置、巻上機、ブレーキ、そらせ車、電動機などについて、目視や触診により異常の有無を確認するとともに、ブレーキパッドの厚さの測定、絶縁抵抗計による絶縁抵抗の測定を行い確認します。また、駆動装置等の耐震対策の状況などを確認します。

2. 共通

かご側調速機、釣合おもり側調速機、主索、戸開走行保護装置、地震時管制運転装置などについて、目視や触診により異常の有無を確認するとともに、主索の素線切れの状況、主索の径の測定を行い確認します。

3. かご室

かごの戸及び敷居、かご戸のスイッチ、床合わせ補正装置、外部への連絡装置、積載量及び最大定員の表示、照明装置などについて、目視や触診により異常の有無を確認するとともに、スイッチの作動の状況、床合わせ補正の状況などを確認します。

4. かご上

かご上の停止スイッチ、リミットスイッチ、上部緩衝器、調速機ロープ、かごの非常救出口、ガイドレール、昇降路の壁又は囲い、釣合おもり非常止め装置などについて、目視や触診により異常の有無を確認します。

5. ピット

保守用停止スイッチ、下部ファイナルリミットスイッチ、緩衝器、ピット床、かご非常止め装置、釣合ロープなどについて、目視や触診により異常の有無を確認します。

36　昇降機等の定期検査

37 マンションの電力引込み方式

一戸建て住宅では、住宅ごとに電力会社から引込線を施設しますが、マンションなど1建物内の複数の需要場所（住戸）に電気を供給する場合には、建物内の住戸ごとに引込線を施設するのではなく、一括して供給できる共同引込線により電気を供給します。共同の引込線には、低圧（１００Ｖ又は２００Ｖ）と高圧（６０００Ｖ）があり、建物の規模により低圧で引き込む場合と高圧で引き込む場合に分かれます。

また、引き込む電力には、電灯と動力があります。電灯とは単相１００Ｖ又は２００Ｖのことで、各住戸で使用する電力はほぼ全て電灯です。動力とは三相２００Ｖのことで、エレベーターの巻上機、機械式駐車場の昇降モーター、給水ポンプ、排水ポンプなどに使用します。

1 低圧の共同引込線

低圧架空引込線（電灯線2条、動力線1条まで）により引き込む方式で、供給可能な最大電力は、電灯98kVA以下、動力49kW以下です。

マンションの住戸数としては、概ね20戸までとなります。

2 高圧の共同引込線

高圧の共同引込線により供給する方式としては、集合住宅用変圧器方式（パッドマウント）、供給用変圧器室方式（電力会社借室）などがあります。

ア 集合住宅用変圧器方式（パッドマウント）

管理組合で、敷地内にハンドホール、基礎ブロックを施設し、電力会社が「集合住宅用変圧器」を設置して供給する方式です。

供給可能な最大電力は、電灯は動力の最大電力に応じて200〜250kVA以下、動力

49kW以下です。
マンションの住戸数としては、概ね70戸（電力会社で異なります）までとなります。

イ　供給用変圧器室方式（電力会社借室）

集合住宅用変圧器を超える電力量の場合には、管理組合が変圧器等の供給設備の設置場所を電力会社に無償提供し、そこに電力会社が変圧器等の供給設備を設置して供給する方式となります。

供給可能な最大電力は、原則として制限がありません。

38 マンションの非常電源

マンションの非常電源としては、非常用エレベーター、スプリンクラー設備、非常用照明などの法律で設置が義務付けられている非常電源（予備電源）と、災害時等の停電に備えるため任意に設置する非常電源に区別することができます。さらに、任意に設置する非常電源には共用部分用のものと専有部分用のものがあります。

1 任意に設置する非常電源（共用部分用）の必要性

まず、災害時の停電に備えて共用部分に設置する非常電源についてですが、必要性は認識しているものの実際に実用可能な非常電源を準備している管理組合はかなり少ないのが実態です。

なお、大規模なタワーマンション等には非常用発電機が設置されていますが、居住者の中には、この非常用発電機が停電時に使用できるものと勘違いしている人も少なくありません。実は、殆どのタワーマンションに設置されている非常用発電機は非常用エレベーターや消火設備など防災設備専用のものであり、停電時にエントランスホールの照明やコンセントに使えるものは殆どありません。

せっかく高額な非常用発電機を設置するのですから、新築時の設計段階で、災害時の停電に備えてエントランスホールなどの照明やコンセントなどが使えるような設計をすればいいのですが、そうした設計は殆ど行われていません。

共用部分の照明やコンセントを停電時にも使えるようにするには、非常用発電機の電源回路を共用部分の照明やコンセントに接続する設計（発電機の容量は少し変わります）をすればいいだけのことで費用も殆どかかりません。にもかかわらず、そうした設計が行われない原因は、新築時の設計者にそうした認識がないというのが最大の理由だと考えています。このことは新築建物の設計時に設備・電気の設計監理者として携わった経験からの考えです。新築建物の設計を主に進めるのは意匠担当の建築が専門の設計者ですが、実は、建築が専門の人は電気分野が苦手で嫌いな場合が多いため、設備・電気に係る提案をしても、そもそも苦手な電気回路については考えたくないという感じを受けています。

日本のマンションは、耐震性が高く地震で建物が倒壊する可能性は殆どないため、マンション住民は、基本的にマンション内で避難生活を送ることができます。過去の災害においても、人口密度の高い地域の避難所では、マンション住民は避難所に入れないところもありました。行政が作成する防災計画においても、マンション住民はなるべくマンション内での避難生活をお願いする計画が多くなっています。

また、過去の地震の例でも、地震の揺れの恐怖からエントランスホールにおりてきて過ごす人も多くいました。

つまり、マンションのエントランスホールは、事前の計画があってもなくても災害時には何らかの形で避難所として活用することになります。避難所に必要なものはいろいろありますが、最も必要なものはやはり電源ではないでしょうか。近年の災害時において、携帯電話の充電ができる場所をテレビやラジオ、インターネットで伝えていました。このことは災害時における電源確保の重要性を裏付けるものです。

2 任意で設置する非常電源（共用部分）の提案

前記のとおり、エントランスホールの照明やコンセントなど共用部分の電源確保は非常に重要なものであるにもかかわらず、多くのマンションでは停電時に実用可能な非常電源を準備できていないのが実態です。

共用部分に設置する非常電源として多額の費用をかけずに設置できるものとしては、①非常用エレベーターなどの非常電源として設置している非常用発電機を活用する方法、②ポータブル発電機を購入し活用する方法が考えられます。以下、それぞれの具体的な活用方法について考えてみます。

①非常用発電機の活用

前記のとおり、非常用エレベーターなどの非常電源として設置している殆どの非常用発電機は、エントランスホールの照明やコンセントに接続されていませんので、接続するための改修工事（電気工事等）が必要となります。

非常用発電機は、非常用エレベーターなど防災設備の非常電源として必要な発電容量や機能を備えていますので、次の二つの方法など、その機能等に支障を与えない範囲での改修工事を行う必要があります。

1　非常用発電機の発電容量に十分な余裕がある場合

エントランスホールの照明やコンセントに接続するための改修工事は（電気工事）可能と思われます。

2　非常用発電機の発電容量に十分な余裕がない場合

非常用エレベーターなどの防災設備は火災時の停電に備えた設備なので、火災を伴わない停電時には発電容量に余裕ができるため、非常用発電機の電源回路を自動的に切り替えることができる電力供給自動制御等のシステム装置を導入することで、その余った電力を活用することが可能です。

なお、こうした改修工事の設計・施工が可能な電気工事会社や設計会社は、限られているということも認識しておく必要があります。

また、何れの場合でも、消防や建築行政との協議は必要となります。

②ポータブル発電機の活用

エントランスホールの照明やコンセントの非常電源として活用できるポータブル発電機としては、ホームセンターでも購入できる1・8kW程度の容量のもので十分だと思います。1・8kWは1800Wですので、単純計算で、スマホ（6W）300台、LED照明60W相当（8W）225台が使えることになります。

1・8kWの発電機の価格は、防音タイプのもので20万円以内です。工事現場などで使用する防音タイプ以外のものは、かなり大きな音が出ますので避難所用には適していません。また、発電機には100Vのコンセントはついていますが、沢山のスマホの充電や照明に使用するためには、コンセント口数の多いテーブルタップや、直接100V電源に接続できるLED照明器具も準備します。

また、発電機の燃料は無鉛ガソリンで、連続使用時間は負荷（電気機器）によって3〜7時間程度（燃料タンク約4ℓ）となりますので燃料の備蓄も必要です。

発電機の燃料となる無鉛ガソリンは、消防法により貯蔵・取扱いの規制があります。規制がかかる指定数量は200ℓであり、ガソリン200ℓ以上を貯蔵する場合には危険物貯蔵所を設置しなければなりません。また、200ℓ未満で指定数量の5分の1以上

（40ℓ）では、各地方公共団体の条例で規制されている場合が多く、条例に基づく危険物貯蔵所等を設置する必要があります。危険物貯蔵所等の設置が必要のないガソリンの貯蔵量は、40ℓ未満ということになります。ただし、40ℓ未満であっても、ガソリンを保管する場合には、消防法令に適合する専用の金属容器を使用する必要があります。専用の金属容器には20ℓのものと10ℓのものがありますので、これらの容器にガソリンを入れて倉庫などに保管・備蓄しておきます。40ℓ未満ぎりぎりまで保管・備蓄したとすると、最大80時間程度（3日間程度）まで運転が可能となります。なお、発電機用のエンジンオイルも備蓄しておけば更に安心です。

なお、5kW程度の大型のポータブル発電機を設置して、各階のパイプスペース内などに非常用コンセントを取付ける方法もありますが、この方法では、各住戸で、電気ストーブ（1・5kW）や電子レンジ（0・5kW）、エアコン（0・5～2kW）など消費電力の大きな電気機器を使えば、すぐに容量オーバーとなり発電機は使えなくなります。また、3日間程度の運転に必要な燃料の備蓄には、専用の危険物貯蔵所の設置が必要になるため、この方法は簡単ではないと思います。

やはり各住戸で使用する非常電源は、各住戸で準備する必要があります。

③ 任意で設置する非常電源（専有部分）の提案

各住戸で準備しておく非常用の電源として、１００Ｖの電源が使えるポータブル電源（充電式蓄電池の直流12Ｖをインバーターにより交流１００Ｖに変換）が最近では普及し価格も安くなっています。手軽な２００Ｗ程度のものであれば2万円以内で購入することができます。また、ソーラーパネルをセットで購入するのもいいと思いますが、２万円以内で購入できるソーラーパネルでは容量が小さく実用的ではないように思いますので、購入時には発電容量をよく確認しておく必要があります。

また、パソコンなどの保護電源として使用するＵＰＳ（無停電電源装置）も容量の小さなものであれば2万円以内で購入することができ、コールドスタート設定にすることで１００Ｖの非常電源として活用することができます。

39 マンションに設置するAED

1 AEDとは

AEDとは、自動体外式除細動器（Automated External Defibrillator）のことで、心停止の際に電気ショックを与え、心臓を正常なリズムに戻すための医療機器ですが、自動的に心電図の解析を行い、操作方法も音声でガイドしてくれるため、非医療従事者でも使用することができます。このため、駅、スポーツクラブ、学校、公共施設など、人が多く集まるところに設置されており、最近は、マンションにも設置されるようになりました。

しかし、医療従事者でない一般人が、実際の場面で落ち着いて使用できるかといえば、もちろん難しいと思います。

そこで、総務省消防庁や日本赤十字社では、一般人向けにAEDや応急手当に係る講習の動画を配信しています。また、各地域の消防署でも無料の講習会などを実施しています。

２ ＡＥＤの必要性

救急車の平均到着時間は約８分というデータがあります。心停止から１分ごとに、救命率は10％程度下がると言われていますので、救急車が到着する頃には既に手遅れに近い状況です。このため、心停止になった人を助けるには、近くにいる人が素早く救命処置を行う必要があるのです。

３ マンションに設置するには

ＡＥＤをマンションに設置するには、それなりの費用がかかりますので、管理組合の総会承認を受けるべきと考えます。ＡＥＤは、防災対策などと同様に、検討の段階では多くの人は反対しませんが、実際に、マンションの予算を使って設置する段階になると、「本当に今必要なのか」「管理組合の予算は使いたくない」など、反対ではないが慎重に検討して欲しいといった意見が出ることで、議案の審議は先送りとなり、年度が変わり役員も交代して自然に消滅するという流れが多いようです。

こうした状況において、マンションにＡＥＤの設置を実現する方法として、自動販売機にＡＥＤをセットで設置し、自動販売機の売上金の中からＡＥＤの費用を差し引いて提供する事業者もいました。しかし近年、薬事法が改正となり、こうした方法で設置することが出来なくなりました。

このため、管理組合の手間は少しかかりますが、管理組合が自動販売機とＡＥＤを設置するための契約を行い、自動販売機の売り上げからＡＥＤの費用を相殺することで、管理組合の予算を使うことなくＡＥＤの設置が可能となります。これまでの実績から、ファミリータイプで概ね80世帯以上のマンションであれば、マンション住民のみが使用する自動販売機でもＡＥＤの費用を賄う程度の売り上げを確保することができます。

この方法であれば、ＡＥＤの設置に係る管理組合の合意形成を進めることができると思います。

4 買取りかレンタルか

ＡＥＤの概ねの耐用年数である8年で費用を比較した場合、レンタルの場合は、約48万円（５０００円／月　消耗品、メンテナンス費用込み）で、買取りの場合は、約30万円（本体25万円、消耗品５万円）であり、費用だけで比較した場合には買取りの方がお得だと思います。

しかし、ＡＥＤには、バッテリーや電極パッドなど定期的に交換しなければならない消耗品があります。買取りの場合は、こうした消耗品の交換などメンテナンスを誰が担当するのかといった問題があります。ＡＥＤは、人の命を助けるための医療機器です。いざという時に使用できなかった場合、重大な責任問題に発展する可能性があります。

ＡＥＤを設置する以上は、常に使える状態にしておくためのメンテナンスが重要となりますので、そうした観点から考えると買取りはリスクが高いように思います。

40 通電火災と感震ブレーカー

通電火災とは、地震の激しい揺れによって、地域が停電となり部屋の中の電気ストーブや観賞魚用ヒーターなどが倒れ、そこに衣類やカーテンなどの可燃物が覆い被さった状態となった後、停電が復旧し通電することで電気ストーブなどの熱によって衣類などが燃え、火災に至ることをいいます。

阪神・淡路大震災や東日本大震災における火災のうち原因が特定されたものの半数以上が電気関係の火災でした。現在では、地震による火災を防ぐためには、まずは電気火災防止の対策をとる必要があります。

こうした通電火災を防ぐためには、部屋の中の物が倒れるような激しい地震の揺れが起きた際には、電気のブレーカーを確実に切る必要があります。しかし、いざという時には慌ててしまいブレーカーを切ることを忘れてしまうことが予想されます。

そこで、地震による激しい揺れが発生した際には、自動的に電気のブレーカーを切ることが出来る感震ブレーカーの設置が必要になるのです。

▫感震ブレーカーの種類

感震ブレーカーには概ね次の三つのタイプがあります。

1　簡易タイプ

ばねの動作や錘の落下などによりブレーカーを切るタイプ

費用は２千円から４千円程度でホームセンターや家電量販店、インターネットでも購入することができ電気工事も不要ですが、動作の確実性は高くないと考えられます。

2　分電盤（後付け）タイプ

既設のホーム分電盤に感震ブレーカーを追加するタイプ

電気工事が必要となるため、費用は４万円から６万円程度になりますが、動作の確実性はある程度高いと考えられます。なお、近年では、新築の住戸には感震ブレーカー付きの分電盤が設置される場合も増えてきています。

3　コンセントタイプ

コンセント内に感震ブレーカー機能を内蔵するタイプ

電気工事が必要となるため、費用は一個につき2万円から4万円程度になりますが、コンセントごとの細かな遮断が可能であり、また、トラッキング火災（コンセントとプラグの間にホコリが溜まり、そのホコリが空気中の湿気を吸収することで電気抵抗が下がり発熱して起きる火災）を防ぐこともできます。

41 避雷設備

避雷設備（避雷針）の目的は、建物に落ちた雷撃を安全に大地に逃がすことで、人、建物、設備等の被害を最小限に抑えることです。

2003年9月、激しい雷雨の中、国会議事堂に落雷があり、中央塔の外壁とみられる御影石の一部が剥がれ、衆議院側の中庭周辺に落下しました。国会議事堂には、避雷針が設置されていましたが、この避雷針は旧タイプのものであったため、保護レベルが十分ではなかった可能性がありました。くしくもこの落雷事故のわずか2カ月前の2003年7月に、後述する新JIS規格が施行されたばかりでした。

避雷設備には、雷撃から建物の外壁などを守るための外部雷保護システムと、建物の中の機器を守るための内部雷保護システムがあります。建築基準法で設置が義務化されているのは外部雷保護システムです。内部雷保護システムは、建物内に重要なコンピューターや通信機器がある場合などに施工します。

▫避雷設備の法令基準

建築基準法第33条には、「高さ20ｍを超える建築物には、有効に避雷設備を設けなければならない。ただし、周囲の状況によって安全上支障がない場合においては、この限りでない。」と規定されています。

高さ20ｍを超える建築物（マンション）とは、1階層3ｍで計算すると7階建て以上のマンションということになりますが、この建築物には塔屋や高架水槽なども含みますので、6階建て程度でも20ｍを超える場合があります。

次に、建築基準法施行令第129条の15には、「避雷設備の構造は、雷撃によって生ずる電流を建築物に被害を及ぼすことなく安全に地中に流すことができるものとして、国土交通大臣が定めた構造方法を用いるもの又は国土交通大臣の認定を受けたものであること。」と規定されています。

そして、建設省告示第1425号（平成12年）には、「雷撃によって生ずる電流を建築物に被害を及ぼすことなく安全に流すことができる避雷設備の構造方法は、日本工業規格A4201（建築物等の雷保護）2003に規定する外部雷保護システムに適合する構造とすること。」と規定されています。

□外部雷保護システムの概要

外部雷保護システムは、①受雷部、②引下げ導線、③接地極で構成されています。

①受雷部は、突針（避雷針）、水平導体、メッシュ導体の各要素又はその組み合わせによります。受雷部の保護範囲の算定は、保護角法、回転球体法、メッシュ法で行い、保護レベルは、最もレベルの高い「Ⅰ」から「Ⅳ」までの４段階に設定されています。

②引下げ導線は、突針（避雷針）や受雷部導体と接地極を結ぶ導線であり、受雷部から大地までを最短距離にすることとされています。

③接地極は、落雷の電流を大地に放流させるために地面に埋め込む導体であり、危険な過電圧を生じることなく大地に放流するために、接地抵抗値は10Ω以下にすることとされています。

□内部雷保護システムの概要

建築物への落雷又は近傍への落雷により、建物に引込まれている電力線、通信線、地中に埋設されている接地極などから雷電流（雷サージ）が建物内部の電気、電子設備機器に侵入して、その機能を破壊し大きな被害が発生する危険があります。こうした危険を防止する対策が内部雷保護システムです。

建物内部に侵入した雷電流（雷サージ）から、電気、電子設備機器を保護するには、サージ防護デバイス（ＳＰＤ）を電源線、通信線に設置する方法や、等電位ボンディングによって金属体同士の電位差を小さくする方法があります。

サージ防護デバイス（ＳＰＤ）とは、従来からアレスタ、避雷器などと呼ばれている保護装置の総称で、簡単なものとしては、家電量販店やホームセンターでも購入できる雷ガード付きテーブルタップがあります。

等電位ボンディングとは、建物内の鉄筋・給排水管・ガス管・金属製の建具・設備などを接続して電位を一定に保つ技術です。

42 防災行政無線

災害が発生した際には、災害の規模、位置、状況を把握し、速やかに正確な情報を地域住民などに伝達する必要があります。このため、国や地方公共団体が災害時における情報の収集及び伝達手段の確保を目的として、防災用無線システムを構築しています。

防災行政無線には、中央防災無線、消防防災無線、都道府県防災行政無線、市町村防災行政無線がありますが、住民に防災情報を直接知らせる役割を担うのは市町村防災行政無線です。

市町村防災行政無線は、特に津波、洪水、土砂崩れなどの差し迫った危険を住民に確実に知らせて命を守る行動をとらせる重要な役割があります。しかし、全ての市町村で整備されていないのが現状です。

また、スピーカーからの防災行政無線の音声がよく聞こえないという意見が住民から多く寄せられており、特に大雨の時は全く聞こえなくなるケースもあるようです。

このため、市町村によっては、次のような対応を行っています。

1　防災行政無線テレホンサービス
スピーカーからの音声が聞き取れなかった場合、電話で放送内容を確認できるサービスです。市町村によって電話番号が異なるので、市町村のホームページ等で事前に確認しておくと安心です。

2　防災行政無線メールサービス
スピーカーからの音声を聞き取れなかった場合、又は聞き逃した場合でも、防災行政無線の放送内容をメールで受け取ることができるサービスです。メールを受け取りたい携帯電話やスマートフォンのメールアドレスを事前に市町村に登録しておく必要があります。

また、携帯電話やスマートフォンを持っていない方や聴覚・視覚に障害のある方については、ＦＡＸや固定電話に市町村から配信するサービスもあるようですので、居住地の市町村に確認しておくと安心です。

43 防災士と防災リーダー

防災に係る資格としては、防火管理者、防災士、防災リーダーがありますが、このうち防火管理者は、消防法に規定があり、マンションにおいては居住者50人以上で選任する義務があります。一方で、防災士と防災リーダーについては、法律に規定はありません。

1 防災士

防災士とは「自助」「共助」「協働」を原則として、社会の様々な場で防災力を高める活動が期待され、そのための十分な意識と一定の知識・技能を修得したことを特定非営利活動法人日本防災士機構が認証した人で、2022年11月時点で24万931人が登録（累計）されています。

このように防災士資格は民間資格であり、防災士資格の取得により特定の権利が得られ、又は特定の行動が義務付けられるということはなく、あくまでも自発的な防災ボランティア活動を行うということです。しかし、地方公共団体によっては予算を計上して防災士を養成し、自主防災組織や学校、職場に配置するといった事例も広がっており、防災士の社会的評価と期待は高まっています。防災士には、こうした社会の信認性を背景に、志と使命感をもって活動することが期待されています。

2 防災リーダー

防災リーダーは、地域防災リーダー、自主防災リーダー、○○市防災リーダー、など地方公共団体や地域の自主防災組織で呼び方も異なります。

自主防災活動は、住民の自主的な活動であり、その活性化には防災リーダーの資質と熱意に負うところが大きいため、防災リーダーには、地域の多くの意見をまとめる見識、能力があり、かつ防災に積極的な関心のある人が望ましいと考えられています。

また、多くの地方公共団体では、条例や要綱を定め、予算を計上して防災リーダーの養成を行っています。

44 条例に規定する防災対策

令和4年4月1日、川口市マンション管理適正化推進条例が施行されました。

この条例の特徴は、議員立法のため行政特有の縦割りの弊害がなかったことから、マンションの管理に係る全般的な課題に取り組めたことで、その最大の特徴は、マンションの防災対策です。

マンション独自の自主防災組織の結成は、多くの地方公共団体で「マンション防災マニュアル等」を作成し推奨していますが、条例や規則などで具体的な防災対策を規定している地方公共団体は殆どありませんので、川口市が全国で初めてではないかと思われます。

特に、全国の殆どの地方公共団体で自主防災組織に係る補助金の対象を町会・自治会に限定している状況において、災害対策基本法に規定する避難行動要支援者の名簿情報の管理組合への提供や、その避難支援に係る計画の作成と資機材の整備を義務化したことには大きな意義があると思われます。

豊島区が全国に先駆けてマンション条例を制定した後、多くの地方公共団体が条例制定を進めたことと同様に、防災対策を規定した川口市の条例が全国の地方公共団体にも広がり、マンションの防災対策が大きく前進することを願うものです。

川口市マンション管理適正化推進条例における防災対策の具体的な規定内容は以下のとおりです。

（防災体制の整備）

第９条　管理組合は、自らの生命財産を自分で守る自助並びにマンションの居住者等及び近隣住民が協力して地域を守る共助の推進に努めなければならない。

２　管理組合は、災害等に備えるため、マンションの状況及び環境に応じ、防災組織の結成、防災に関する計画の作成、防災訓練の実施、防災資機材及び備蓄物資の整備、避難行動要支援者の把握その他必要な防災対策の整備に努めなければならない。

３　市長は、防災組織を結成した管理組合に対し、防災リーダー（防災組織が行う防災活動において適切な指示を与える等中心的役割を担う者として市長が認める者をいう。

以下同じ。）の育成、防災に関する情報及び資料の提供その他の防災組織の円滑な運営に資するために必要な措置を講ずるものとする。

※第9条第1項では、マンション居住者の自助及び近隣住民も含めた共助の推進に努めることを管理組合の努力義務としています。

同条第2項では、防災組織の結成と、防災計画の作成、防災訓練の実施、防災資機材及び備蓄物資の整備、避難行動要支援者の把握等に努めることを管理組合の努力義務としています。

同条第3項では、防災組織を結成した管理組合に対し、防災リーダーの育成、防災に関する情報及び資料の提供その他の防災組織の円滑な運営に資するために必要な措置を講ずることを市長の義務としています。

つまり、管理組合が防災組織を結成することは努力義務ですが、管理組合が防災組織を結成したときには、当該管理組合に対し防災リーダーの育成や防災に関する情報の提供等を行うことを市長の義務としています。

なお、居住者50人以上のマンションでは、消防法により防火管理者の選任等が義務付けられていますので、居住者50人以上のマンションでは防災組織の結成を義務付けたとしても管理組合の負担は大きくはないと考えられます。今後、管理組合の防災組織の結成が進まないようであれば、条例を改正して管理組合に防災組織の結成等を義務付ける必要があると考えます。

なお、「防災組織」とは、法令上の用語の定義はなく、また、本条例内でも定義されておらず、管理組合としてはどのような防災組織を結成すれば本条例で定める「防災組織」と認定されるのか現時点では不明であるため、今後、規則等で定義が定められるものと思います。

（防災講習の実施）

第10条　市長は、前条第3項の防災リーダーに対し、避難誘導その他の災害時におけるマンションに特有の安全の確保の方法等について、講習を行うものとする。

※多くの地方公共団体では、地域の自主防災組織における防災リーダー育成のための講習会等を行っていますが、講習の内容は町会・自治会の自主防災組織に係る全般的な

ものに限られており、「マンションに特有の安全の確保の方法等について」の講習会を行っている地方公共団体は、殆どないように思われます。

（避難行動要支援者の名簿情報の提供）

第11条　市長は、第9条第3項の管理組合に対し、避難支援等の実施に必要な限度で、避難行動要支援者に係る名簿情報を提供するものとする。

※現在、全国の殆どの地方公共団体では、避難行動要支援者の名簿情報は、町会・自治会には提供されていますが、マンション管理組合には提供されていません。しかし、震災時において、例えば、マンションの10階に避難行動要支援者がいて、救助を求めている場合でも、町会・自治会の防災組織は、木造・防火造住宅等の火災や救助活動が優先となり、マンション内の救助活動を行う余裕はないと思われます。避難行動要支援者の避難支援・救助はマンション内の住民（防災組織）が行わなければなりません。従って、マンション管理組合への名簿情報の提供は当然に必要なことと言えます。

（避難支援等に係る計画の作成）
第12条　前条の規定により名簿情報の提供を受けた管理組合は、避難行動要支援者の避難支援等に係る計画を作成するとともに、避難支援等の実施に必要な資材又は機材を整備するものとする。

※避難行動要支援者の名簿情報の提供を受けたマンション管理組合は、マンション内の避難行動要支援者の避難支援等に係る計画の作成と必要な資機材の整備を行うものとすることが本条で規定されています。避難行動要支援者の避難支援は災害対策基本法に定める市町村長の努力義務でもあるので、管理組合に対して必要な措置を講ずるための費用を助成する制度を市町村の規則等で規定すべきと思います。

（洪水時の一時緊急避難施設）
第13条　洪水時における一時的な避難（以下「洪水時一時緊急避難」という。）のための施設として市長が別に定める基準を満たすマンションの管理組合は、洪水時一時緊急避難に関する協定の締結について、市と協議するよう努めるものとする。

※平成27年関東・東北豪雨によって鬼怒川の堤防が決壊し、大きな人的及び物的な被害が発生しました。この災害を契機として各地方公共団体では、洪水時における垂直避難について本格的な検討を進めるようになりました。川口市では、従来から検討は進んでいましたが、一定の高層マンションや大型商業施設を対象とした洪水時一時緊急避難施設について条例で具体的に規定しました。

（防災性能及び防災体制の認定及び公表）

第14条　管理組合の管理者等は、規則で定めるところにより、マンションの防災性能及び管理組合の防災体制について、市長の認定を申請することができる。

2　市長は、前項の申請があった場合において、当該申請に係るマンションの防災性能及び管理組合の防災体制が、市長が別に定める基準に適合すると認めるときは、その認定をし、公表することができる。

※既に、仙台市、大阪市、横浜市、東京都中央区などが、マンションの防災体制等の認定を行っています。

主な認定基準としては、防災組織の結成、防災マニュアル（計画）の作成、防災訓練の実施、耐震性、防災倉庫及び防災資機材の整備などです。

[付録]

1　CM方式大規模修繕コンサルタント業務マニュアル

2　機械式駐車場の維持管理に係る課題と解決策

1 CM方式大規模修繕コンサルタント業務マニュアル

設計監理方式は管理組合にとって理想的な方法なのか

1 大規模修繕工事における「設計」とは

マンションの大規模修繕工事（設備を除く）とは、既に出来上がっている建物の防水層、塗装、タイルなどの劣化した部分を新築時の状態に戻すための工事です。

そして、マンションの大規模修繕工事における「設計」とは、その防水層やタイルの補修、塗装の塗替えなどの施工方法とその費用を算出する仕様書を作成することを含めて言っています。しかし、これはマンションに限った言い方なのかもしれません。

つまり、法律で定義する「設計」とは、図面及び仕様書を作成することと明記されていますので、仕様書のみを作成するケースでは、本来「設計」とは言わないはずなのですが、何故かマンションの大規模修繕工事では「設計」又は「改修設計」などと言っています。

建物を一から作る新築や増築では、1級建築士などの図面作成の技術が必要となりますが、こうした修繕工事では、劣化状況を判断して最適な修繕方法を提案するための現場経験が必要となります。このため現場経験の少ない設計会社などは、協力施工会社の積算担当者が作成した仕様書に自社の表紙をつけ「設計」として使用する場合もあるようです。

このように技術面からみれば、設計会社に依頼して「設計」を行ってもらう必要性は特にないように思うのですが、建築に関しては、すべて1級建築士がプロであるとの印象と信頼によって依頼するケースが多いようです。実際は建築といっても、構造、設備、修繕、リフォームなど様々な分野に分かれており、それぞれの専門家や実務経験者がいるのですが、一般的にはこうした専門性はあまり知られていないようです。

一つの建物を区分所有するマンションでは、区分所有者間の合意形成の難しさがありますので、合意形成を容易にするため、1級建築士によるこうした「設計」を行うことは一つの手段だと思われます。しかし、単独オーナーのビル等の修繕工事では、こうした「設計」はあまり活用されないことから考えれば、大規模修繕工事における「設計」とは、合意形成を容易にするためのマンション特有の方式とも考えられます。

2 設計監理方式による施工会社の選定とは

設計監理方式による施工会社の選定方法は、施工会社の規模や実績等から予め選出した数社に、設計会社が「設計」した共通の仕様書に工事単価を入れて見積書を提出させ、その見積金額を比較して基本的に一番安い施工会社に決定するという方法です。

共通の仕様書で見積金額を比較するのですから、明確であり、透明性も確保できるというメリットがあります。反面、指定された仕様書に工事単価を入れるだけなので、現場を殆ど確認せずに見積書に金額を入れただけの会社や技術力のない会社が安い金額で落札し、実際の工事に支障を来すという例は少なくありません。

また、同じ仕様書を各社に渡すことによって談合はやり易くなり、特に、設計会社が施工会社の選定に関与する場合は談合の可能性が高いので注意が必要です。

国土交通省の通知等で社会問題となっている「不適切コンサルタント問題」は、設計会社と施工会社の癒着により談合を行うものですが、前提となるのは、施工会社の選定に設計会社が関与することです。このため施工会社の選定を契約条件にしている設計会社も少なくありません。

3 プロポーザル方式による施工会社の選定とは

プロポーザル方式は、施工会社提案方式ともいいます。具体的には、各施工会社にそれぞれ建物の劣化状況を確認して、各施工会社に最適な修繕方法に基づく見積書を提案してもらい、工事金額だけでなく、その会社の技術力、特徴、誠実性などを総合的に比較して決めるものです。

共通の仕様書に金額を入れるだけの設計監理方式とは異なり、施工会社の負担も少なくないため技術力や熱意の差が現れやすくなります。

なお、仕様が完全に一致するものではないため、工事金額の比較がしにくいという側面もありますが、各社が提出した見積書を工事項目ごとに分類した一覧表を作成すれば、そうした問題は解決します。

また、事前に指定された仕様書を使用しないことから、実施する必要がない工事項目を省けるとともに、談合を行うことが難しいという大きなメリットがあるため、工事費用を大きく削減することが可能となります。

理事会又は修繕委員会が十分に機能している管理組合では、こうしたプロポーザル方式が有効な手段であると考えられます。

4 談合の実態とは

談合を行うためには、設計会社や管理会社（マンション管理士の場合もあります）が施工会社の選定に関与することが前提となります。

談合のやり方は、例えば、本来4000万円でできる工事の予定価格を7000万円で設計会社や管理会社が作成・設定し、見せかけの入札により6500万円で落札させ、差額の2500万円を関係者で分け合うというものであり、マンションの業界では今も常態化しています。

常態化する理由は、管理組合が設計会社や管理会社をプロとして信頼し、全てをお任せしてしまうからです。何も知らない管理組合は、7000万円かかる予定の工事が6500万円で実施できたと思い納得してしまうというものです。

談合を防ぐには、施工業者間による適正な競争を実現させる必要があります。そのためには、入札に参加させる（見積書を提出させる）施工業者の選出を管理組合が直接行う必要があります。設計会社、管理会社、マンション管理士などが業者を紹介、斡旋するような場合は癒着・談合の可能性が高いと考えるべきです。

なお、良心的なコンサルタントは、第三者性、中立・公平性を確保するため、入札に参加させる業者の紹介、斡旋はしないことを徹底している場合が多いようです。

マンション大規模修繕工事において、談合が無くならないのは、談合が発覚した場合であっても罰則が適用されることもなく、また、談合を主導している設計会社が今でも元気に営業を継続し、実績もあげているという現実があるからです。

さらに、いつも手抜き工事を行うような施工会社でも、それが評判となって受注が減ったという話も殆ど聞きません。つまり、施工会社や設計会社を選定する場合の評価として、実績はあまり関係ないということです。

5 大規模修繕工事における「工事監理」とは

法律で定義する工事監理とは、仕様書（及び図面）どおりに実施されているかどうか確認することを言います。なお、施工会社と管理組合との契約は、仕様書どおりに工事を完成させることに対して工事費用を支払うという請負契約になります。

つまり、工事監理を行わなくとも、契約上は仕様書どおりに完成することになります。しかし、管理組合の立場に立てば、施工会社が本当に仕様書どおり工事を行ったかどうか第三者に確認させたいと思うのは当然であり、また、二重三重のチェックにより工事の完成度が高まるという期待もあります。

なお、大規模修繕工事は、建物を一から作る新築とは異なり、既に出来上がっている建物の防水層、塗装、タイル等の劣化を新築時の状態に戻すための工事であるため、工事監理における確認項目も新築と比較して多くはありませんので、報酬額も新築と比較して低い額になるのが一般的です。

工事監理において重要なポイントは、下地処理について確認することです。塗装やシール打替えなど、仕上りは綺麗にみえても下地処理が不十分であれば、数年で劣化してしまうことになります。下地処理の確認方法としては、各工事項目において施工前から施工後までの一連の工事写真を撮らせておき確認することが中心になります。下地処理を行うところをずっと横で見ていることは現実的に不可能であるためです。

また、工事監理は、工事監理ガイドライン（国交省公表）に則って行うことになります。

「CM方式大規模修繕コンサルタント業務マニュアル」について

1 趣旨・概要

国土交通省通知（平成29年）をきっかけに不適切コンサルタントが社会問題となり、現在マンションの管理において重要な課題の一つとなっています。

この通知には、設計事務所が行った不適切な事例とともに、マンション管理士が関わった適切な事例も紹介されており、適切な大規模修繕工事を実施するため、マンション管理士等で管理組合の立場に立つコンサルタントへの期待も示されています。また、マンション管理適正化指針において、管理組合が留意すべき基本的事項の中に「発注等の適正化」が新たに追加され、「工事の発注等については、利益相反等に注意して適正に行われる必要がある。」としています。

こうした国土交通省及び社会の要請を受け、適切な大規模修繕コンサルタント業務を支援するため「CM方式大規模修繕コンサルタント業務マニュアル」を作成し活用を図ること致しました。

(1) 大規模修繕工事の実施方式の現状

大規模修繕工事は、概ね12年ごと（最近では12年以上空ける傾向にあります）に実施しています。大規模修繕工事の実施方式としては、①管理会社主導方式、②設計監理方式、③責任施工方式という分類ができますが、管理組合の多くは①の管理会社主導方式又は②の設計監理方式で実施しているのが現状です。

(2) 管理組合の悩み

まず、①の大規模修繕工事の実施を管理会社にすべてお任せした場合、管理組合の負担は殆どありませんが、多くの管理会社の提案は施工会社に直接発注した場合と比較して高額になります。このため、管理会社の提案を受け入れず、③の管理組合が施工会社に直接発注する責任施工方式で実施するケースもありますが、この場合は、修繕工事を行う範囲や業者の選定方法、また、工事のチェック体制などの課題が残り、管理組合内の合意形成が困難となります。

また、これらの課題を解決して合意形成を進め易いのが、②の設計監理方式でしたが、前記のとおり談合が常態化している実態が明らかになり、管理組合としては、大規模修繕工事の実施にあたり、どのような方式で行うことがベストなのか悩んでいるのが現状です。

⑶ CM方式の提案

こうした管理組合の悩みを解決し、国土交通省及び社会の要請に応えるため、前記①～③以外の新たな選択肢としてCM方式を提案するに至りました。

CM方式とは、発注者の利益を確保するため発注者のもとでCMR（コンストラクションマネージャー）が、設計・発注・施工の各段階において、設計の検討や工程管理、品質管理、コスト管理などのマネジメント業務を行うものです（国土交通省「CM方式活用ガイドライン」）。そして、このCMRをマンション管理士等で管理組合の立場に立つコンサルタントが行うということです。

また、CM方式では、施工業者の選定をプロポーザル方式としています。プロポーザル方式とは、施工会社提案方式ともいい、その会社の技術力や誠実性などを比較し易い方式であり、また、談合を行うことが困難な方式であると言えます。

2 CM方式活用ガイドライン（国交省）の概要

国土交通省が作成したCM方式活用ガイドラインの中で、大規模修繕コンサルタント業務に活用できる部分の内容を以下のとおり整理しています。

(1) CM方式とは、発注者（管理組合）の利益を確保するため、発注者のもとでCMR（マンション管理士等で管理組合の立場に立つコンサルタント）が、設計・発注・施工の各段階において、設計の検討や、工程管理、品質管理、コスト管理などのマネジメント業務を行うことです。

(2) CMRは、発注者と「マネジメント業務契約」を締結し、発注者の補助者として発注者に対しマネジメント業務のサービスを提供し、発注者からその対価を受けます。

(3) CMRは、発注者の補助者であり、発注者の利益を守ることが最大の任務であるため、発注者との信頼関係が大前提となり、CMRには高い倫理性が要求されます。

(4) CMRは発注者の意図する品質、工期、コストを十分に理解し、発注者の立場に立って、設計業者、施工業者をコントロールする必要が生じます。このためCMRは、設計業者、施工業者から独立的な立場にあることが求められます。

(5) CMRは、設計業者からの独立性の確保が求められるため、設計業者がCMRとなるプロジェクトにおいて、設計業務も併せて担うことは望ましくありません。

(6) CM方式を活用する目的・メリットは、発注者業務の量的・質的補完、コスト構成の透明化、品質リスクの減少、不正行為の防止とアカウンタビリティ、監督・検査業務の充実などです。

(7) CMRのマネジメント業務の内容は、設計、発注、施工の3段階に分類しています。

3「CM方式大規模修繕コンサルタント業務」の進め方

管理組合からの相談に始まり、実際にどのように進めていくのかを時系列で以下のとおり整理しています。

(1)　管理組合からの相談例

「管理会社の提案は高いように思う」「設計監理方式は談合される心配がある」「劣化診断は必ず行う必要があるのか」「大規模修繕工事をどうやって進めればいいのか悩んでいる」

(2)　大規模修繕工事の発注方式

※別紙1「大規模修繕工事の発注方式」により、これまでの①管理会社主導方式、②設計監理方式、③責任施工方式の他に、①~③の欠点を補う新たな選択肢として④ＣＭ方式（プロポーザル方式）があることを管理組合に説明します。

(3)　建物劣化診断

相談者がＣＭ方式に興味を示した場合は、次に建物劣化診断（現地調査）を行うことを説明します。現地調査には、理事長及び理事、修繕委員などに立ち会ってもらいます。

大規模修繕に係る建物劣化診断は、少し慣れれば現地調査2時間、報告書作成4時間の計6時間程度で行うことができますので、無料とします。

診断には、デジタルカメラ、打診棒、クラックスケール、点検ミラー、メモ帳を持参します。診断は、屋上から順次下階へ下りていき（途中階は適宜省略）1階から最後は外周を見て回ります。

大規模修繕工事に伴う建物劣化診断とは、壁のひび割れ、塗装の汚れ、防水層の劣化など、専門的な知識・経験がなくとも誰でも見れば判断できるものであり、その劣化状況に応じて修繕工事が必要な概ねの箇所を判断するものです。

管理会社や設計事務所の多くは、大規模修繕工事は専門性が高く素人ではとても判断できないと言う場合がありますが、これは営業戦略だと考えていいと思います。

特に先入観が強い人でなければ、屋上から建物を見て回れば、すぐに大規模修繕工事とはどういったものなのかを理解できるはずです。

(4) 見積り取得業者の選定（プロポーザル方式）

プロポーザル方式により見積り取得を依頼する施工業者を10～12社程度（現場によって業者数は異なります）選定します。

施工業者の選定は、大規模修繕工事の実施可能な業者をホームページ等で検索し、できるだけ多くの業者を探して一覧表を作成し、管理組合に選んでもらいます。また、全組合員にも業者の推薦を依頼します。基本的に業者の選定は管理組合に行ってもらいます。ここで、見積り取得の業者選定に関与したがるコンサルタントは談合又は癒着を行う可能性が高いことを管理組合に説明します。

なお、悪質な施工業者や技術力の足りない施工業者もいますので、そうした情報は管理組合に可能な限り伝える必要があります。

(5) 見積り取得業者の現地調査

各施工業者が行う現地調査には、管理組合の理事長等にも立ち会ってもらい、概ねの工事範囲を決めていきます。今回実施する必要のない箇所を省いていくとともに、ヒアリングを通じて施工業者の誠実性や能力を判断していきます。

各施工業者には、別紙2「大規模修繕工事　共通仕様書」を交付します。

(6) 見積り比較表の作成

各施工業者から見積書が提出されたら、別紙3「○○マンション大規模修繕工事見積り比較表（ひな形）」を作成し、理事会又は修繕委員会に出席して説明します。

(7) 施工業者決定から工事開始

プレゼンテーションの実施、業者決定、総会開催、契約書、住民説明まで、別紙4「CM方式大規模修繕コンサルタント業務の流れ」に従って進めます。

(8) 工事監理、業務終了

別紙5「工事監理（現場巡回）業務の内容」に基づき、概ね一週間に一回、現場巡回を行い、「工事監理報告書」を作成し、施工業者の引渡し時に合わせて、請求書とともに「工事監理報告書」を提出して終了となります。

別紙6「大規模修繕コンサルタント業務　見積書（ひな形）」

別紙7「大規模修繕コンサルタント業務　委託契約書（ひな形）」

別紙１　大規模修繕工事の発注方式

	管理会社主導方式	設計監理方式	責任施工方式	CM方式・プロポーザル方式
概　要	設計・施工・工事監理を管理会社に一括発注する方式	設計・工事監理を設計事務所に、施工を施工会社に分離発注する方式	設計・施工を施工会社に一括発注する方式	CMR（コンサルタント）が補助者となり施工会社に一括発注し、CMRが工事監理を行う方式
総会・理事会・委員会の運営	管理会社が全面的に支援 [評価]：○	管理会社が支援	管理会社が支援	管理会社及びCMRが支援 [評価]：○
合意形成（組合員への説明）	管理会社と理事会（委員会） [評価]：○	設計事務所と理事会（委員会） [評価]：○	理事会（委員会） [評価]：△	CMRと理事会（委員会） [評価]：○
改修設計（仕様書・見積書の作成）	管理会社（過剰仕様） [評価]：△	設計事務所（過剰仕様） [評価]：△	施工会社	施工会社（必要箇所のみ） [評価]：○
施工会社の選定	管理会社が紹介する施工会社から選定	管理組合（設計事務所が係る場合は談合が目的と考える。） [評価]：△	管理組合が選定	プロポーザル方式（施工業者の能力差が明確になる） [評価]：○
工事監理（管理）	管理会社と管理組合	設計事務所と管理組合	管理組合 [評価]：△	CMRと管理組合
保証対応	管理会社	施工会社（設計事務所が支援）	施工会社（業者との交渉が困難） [評価]：△	施工会社（CMRが支援）
費　用	施工会社の見積価格（過剰仕様）に管理会社の手数料が加わる。 [評価]：△	談合の場合は、管理会社方式と同額以上となり、設計事務所への委託費用もかかり最も高額 [評価]：△	施工会社の見積価格 [評価]：○	必要な箇所のみの施工で、談合や癒着も防げるため、工事費は最も安い。 [評価]：◎
特　徴	管理会社による通常の管理業務の延長として行うため、管理組合の負担は最も少ないが費用は高額となる。	専門業者の活用により安心感はあるが、設計事務所による談合は常態化（国交省通知等）しており、談合を防ぐ戦略が必要となる。	最も安いが、理事長と修繕委員長の責任と負担が大きい。また、第三者性が確保されないため納得が得られにくく、業者との癒着が噂される場合もある。	理想的方式とも思えるが、経験豊富で技術力があり、更に、管理会社や設計事務所等の業者と一線を画しているコンサルタントは少ない。

別紙2　大規模修繕工事　共通仕様書

大規模修繕工事　共通仕様書

この仕様書は、CM方式大規模修繕コンサルタント業務（プロポーザル方式）を行う際に使用する。この仕様書に記載の他は「公共建築改修工事標準仕様書」によるものとする。

仮設など必ず実施するものはこの仕様書には定めていない。

◇一般事項

1　現場代理人（現場監督）は、工事期間中50％以上現場に常駐すること。また、工事期間中、現場代理人を変更しないこと。

2　現場代理人は、概ね週1回、監理者と現場定例会を行うこと。

3　現場代理人は、概ね月1回、発注者と定例会を行うとともに、議事録を作成すること。

4　塗料等の材料は、「公共建築改修工事標準仕様書」と同等以上のものを使用することとし、「使用材料一覧表」を現場定例会に提出すること。

5　次の工事項目及び監理者の指示する項目について、それぞれ3カ所以上、施工前から完了までの作業状況を撮影し、現場定例会に提出すること。

①タイル浮き補修、②タイル張替、③コンクリート爆裂補修、④クラック補修、⑤シーリング打替え、⑥外壁塗装、⑦鉄部塗装、⑧長尺シート張替、⑨ウレタン塗膜防水、⑩トップコート、⑫アスファルト防水、⑬洗浄、⑭手摺根元補修

◇工事別

クラック補修

- 0.2 mm以上0.5 mm未満：フィラー等すり込み、0.5 mm以上：Uカット

鉄部塗装

- 3種ケレン、下塗り（錆止め）、上塗り

タイル

- タイルのみ浮き、張付けモルタル浮き
- モルタル浮きはアンカーピン樹脂注入　16穴/m^2（指定部分25穴/m^2）
- 張替え（陶片浮き、ひび割れ、孕んで剥落危険）
- コンクリート（目あらし）、吸水調整剤、張付けモルタル（※櫛目鏝は注意）、モザイクタイル、叩き締め（圧着）、目地材塗布、タイル面の清掃（目地材落とし）

シーリング

- 既存シール全撤去、清掃、バックアップ材、プライマー、シール充填、ヘラ仕上げ
- 伸縮目地にタイルの割り付けを合わせる。必要により伸縮目地を設置する。

外壁塗装

- ケレン清掃、高圧洗浄（15 MPa)、段差修正、パターン付け（専用ローラー)、下塗り、上塗り、天井等（1回塗りも可)

アスファルト防水

- 下地補修、洗浄、目地にコーキング処理（約10 cm重なり必要ないが)、パッチ処理、トップコート

ウレタン塗膜防水

- 下地補修、洗浄、プライマー、メッシュシート、ウレタン塗布2度塗り

長尺シート

- 既存長尺シート撤去、ケレン清掃、モルタルで下地の段差修正、外周にウレタン防水、端末シール処理

◇**契約書**

- 民間（七会）連合協定マンション修繕工事契約書及び約款使用を推奨
- 見積書（仕様書)、保証書、工程表、増減精算に関する図面及び計算書
- 社内検査体制、中間検査（足場解体前)、完成検査
- 完了前アンケートの実施
- 契約書は、発注者及び受注者（印紙代は折半）と工事監理者（写し）の3部

◇**完了報告書**

- 引渡書・受領書
- 保証書（保証開始日が記載)、アフターメンテナンス計画書
- 下地補修図、増減に係る図面及び計算書、足場図面、使用材料一覧表、色彩一覧表、出荷証明書
- 工事写真（工種・工程別に作成)
- アンケート結果書
- 定例会資料、検査報告書、実施工程表、各種届出書
- 完了報告書は、発注者、受注者及び工事監理者（写し可)、3部作成

別紙３　〇〇マンション大規模修繕工事　見積り比較表（ひな形）

	A社	B社	C社	D社	E社
所在地	新宿区	豊島区	川口市	千代田区	文京区
設立年	昭和58年	平成２年	平成10年	平成24年	平成13年
資本金	11,000万円	7,000万円	5,000万円	1,000万円	5,000万円
仮設工事	15,543,432	17,058,000	1,197,420	3,237,500	7,593,700
下地補修工事	16,685,273	12,958,066	※タイル・塗装工事に含む	4,768,500	※タイル・塗装工事に含む
タイル工事	※下地補修工事に含む	※下地補工事に含む	7,739,550	6,008,500	12,365,300
シーリング工事	4,821,500	6,296,209	6,948,400	4,620,400	6,658,100
塗装工事	6,033,330	4,292,760	7,197,320	9,065,400	10,123,300
鉄部塗装工事	3,883,100	※塗装工事に含む	1,116,000	1,950,000	3,347,600
防水工事	18,987,100	6,443,794	12,739,540	5,613,760	14,860,900
その他工事	668,000	489,320	1,370,280	2,087,720	132,500
諸経費	4,500,000	4,050,000	2,000,000		5,518,600
端数値引き	▲ 121,735	▲ 88,149	▲ 35,783		
工事費計	71,000,000	51,500,000	40,272,727	37,351,780	60,600,000
管理会社工事監理費	4,600,000				
小計	75,600,000				
消費税	7,560,000	5,150,000	4,027,273	3,735,178	6,060,000
合計	83,160,000	56,650,000	44,300,000	41,086,958	66,660,000

	A社	B社	C社	D社	E社
仮設工事					
▪足場	組立足場	組立足場	吊り足場	吊り足場	組立・吊り併用
▪仮設事務所	仮設ハウス	仮設ハウス	無し	無し	仮設ハウス
▪トイレ	仮設トイレ	仮設トイレ	管理室トイレ提供	仮設トイレ	仮設トイレ
▪資材置場	費用計上	費用計上		費用計上	費用計上
▪電源、水道	仮設電源、水道	仮設電源、水道	無償提供	無償提供	無償提供
▪養生	費用計上	費用計上		費用計上	費用計上
▪廃材処分	費用計上	費用計上			
▪清掃	費用計上	費用計上			
▪工事用車両費	４台分近隣借用	３台分近隣借用	１台分無償提供	検討事項	
▪事務備品等	費用計上	費用計上			
▪安全誘導員（足場）	費用計上	費用計上		費用計上	
その他工事	面格子脱着、ガラリ・サッシ・エントランス床等薬品洗浄	面格子脱着、消火器表示板交換、隔て板ステッカー交換	養生、駐車場タイル補修、隔て板塗装・ステッカー交換、面格子脱着、資材置場	タイル洗浄（薬品併用）、バルコニー・廊下（高圧洗浄）、外構タイル補修	面格子脱着、高圧水吹付洗浄（駐輪場、バイク置場）
諸経費内訳	現場管理、一般経費	現場管理、一般経費、法定福利	廃材処分、書類作成、現場管理、運搬、保険、交通費	なし	現場管理（常駐）、廃棄物処理、運搬、保険、一般経費

※総評（意見）：

	A社	B社	C社	D社	E社
下地補修工事					
▪タイル	浮き補修、張替、クラック補修、薬品洗浄全面、タイル製作	浮き補修、張替、クラック補修、目地補修、タイル既製品、薬品洗浄全面	浮き補修、張替、クラック補修、目地補修、タイル既製品、薬品洗浄10%	浮き補修、張替、クラック補修、タイル既製品・移植、薬品洗浄部分	浮き補修、張替、クラック補修、全面洗浄、タイル製作
塗装工事	下地補修、高圧洗浄、シリコン系2回塗り	下地補修、高圧洗浄、シリコン系2回塗り	下地補修、高圧洗浄、シリコン系2回塗り	下地補修、水洗い、シリコン系2回塗り	下地補修、高圧洗浄、ウレタン系2回塗り
鉄部塗装工事	屋上廻り、廊下廻り、外廻り、ケレン・錆止め・ウレタン系2回塗り	屋上廻り、廊下廻り、外廻り、ケレン・ウレタン系2回塗り	屋上廻り、錆止め・ウレタン系	玄関3方枠、パイプシャフト、外構・エントランス前柱	屋上廻り、廊下廻り、外廻り、ケレン・錆止め・シリコン系塗料仕上げ
シーリング工事	外壁目地、手摺壁、サッシ・建具廻り、ガラリ回り、雑シール	外壁目地、手摺壁、サッシ・建具廻り、手摺根元、雑シール	外壁目地、サッシ・建具廻り、雑シール	打継目地、開口部、雑シール	外壁目地、手摺壁、サッシ・建具廻り、ガラリ回り、雑シール
防水工事					
▪屋上	なし	斜壁、廊下・バルコニー庇	下地補修、高圧洗浄、保護塗装	下地補修、高圧洗浄、保護塗装	下地補修、高圧洗浄、保護塗装
▪ルーフバルコニー8階、7階、6階、4階	下地補修、高圧洗浄、ウレタン塗膜防水	下地補修、高圧洗浄、ウレタン塗膜防水	下地補修、高圧洗浄、ウレタン塗膜防水	下地補修、高圧洗浄、ウレタン塗膜防水	下地補修、高圧洗浄
▪階段（内、外）	下地補修、新規長尺シート、端末シール	なし	下地補修、新規長尺シート、端末シール	なし	下地補修、新規長尺シート、端末シール
▪共用廊下	下地補修、長尺シート張替、端末シール	端末シール	端末シール	端末シール	下地補修、長尺シート張替、端末シール
▪バルコニー	下地補修、長尺シート張替、端末シール	長尺シート部分補修、端末シール	端末シール	端末シール	下地補修、長尺シート張替、端末シール

別紙４　CM方式大規模修繕コンサルタント業務の流れ

「CM方式とは、発注者である管理組合が主体となりCMR（修繕コンサルタント）が補助者としてサポートする方式」

項目	内容
[修繕委員会等～工事範囲の検討]	▪修繕委員会の設置、又は理事会内で検討開始 ▪委員又は理事が建物外周（屋上、外壁等）を直接確認して、概ねの劣化状況を把握する。この際、修繕履歴や建物調査等の資料があれば参考にする。 ▪概ねの工事範囲を想定する（防水は張替えか部分補修か。シーリングは全部か風雨の当たる部分のみか。鉄部塗装は行うのか。外構はどこまでやるのか。など）。
[候補業者選定～工事範囲決定～工事業者決定] ※劣化診断を発注した場合と同等以上の結果が得られる。 ※業者選定は、プロポーザル方式（共通仕様書に金額を入れるだけの設計監理方式と比較し、業者の能力差が明確となる。また、談合が防げる）	▪候補とする工事業者を理事や組合員等から広く募集し、見積り依頼を行う（コンサルは基本的に業者を紹介しない。「施工業者一覧」から選定する）。 ▪見積り書（仕様書）作成のための現地調査では、概ねの工事範囲を説明し、工事業者の意見も聞きながら立ち会う。 ▪この際、管理組合側の要望に応じて柔軟に対応するかどうか（部分補修で済むと思われる箇所でも全面改修を強行に提案する等）。そして、説明を聞きながら業者の誠実さや技術力を判断する。公共標準仕様書に準じた仕様の採用を確認する。 ▪提出された見積書（仕様書）を精査し、工事項目ごとに分類して、見積比較表を作成する。 ▪見積り金額や実績、誠実さ等から総合的に判断し、数社を選定して、現場代理人によるプレゼンテーション（質問項目の整理）を行ったうえで、最終的に工事業者を決定する。※現場代理人の資質・能力を最も重視する。 ▪決定した業者と今回実施しない箇所を再度確認し、最終金額を確定する。
[総会承認～契約～住民説明会]	▪総会（臨時）を開催し、工事金額（予備費含む）、工事業者、コンサルタント費用等について総会承認を受ける。 ▪契約内容のチェック（所定の契約約款及び請負契約書面、施工計画書、仕様書、見積項目内訳書、保証基準等） ▪住民説明会（工事業者による説明、質疑）への立会い
[工事着工～工事監理～引渡し]	▪工事監理（工程管理、施工状況、安全管理等）工程に合わせ月に２～４回程度 ▪委員会又は理事会への出席、月１回程度（下地補修、タイル、塗装色の承認） ▪施工計画、仕様書、「公共建築改修工事標準仕様書」、「建築改修工事監理指針」に基づき施工状況の確認を行う。 ▪居住者からの意見、苦情等の対応支援、アンケート調査の実施 ▪追加工事の必要がある場合は検討 ▪各種検査（中間、竣工等）の立会い。手直し依頼・確認 ▪引渡し書類の確認（竣工図書、保証書、工事記録写真等）
[アフターサービス]	▪竣工後１年検査等の立会い、保証基準に基づく手直し確認（要請により）

別紙５　工事監理（現場巡回）業務の内容

工事監理ガイドライン（国土交通省公表）に則って行います。

項　目	確認項目	具体的な確認方法
仮設工事	▪敷地状況、境界石の位置	目視に係る立会い確認 施工計画書による確認 材料搬入報告書による確認 試験施工実施による確認 変更・追加工事の確認 自主検査記録による確認 規格証明書等による確認 工事写真による確認
	▪掲示板位置、仮設事務所、仮設トイレ等	
	▪足場仮設の状況、車両移動計画	
	▪足場仮設における防犯管理	
	▪工程表掲示、バルコニー使用可否等の掲示	
	▪産業廃棄物の処理	
下地補修工事	▪下地補修工事に係る仕様、工法、範囲等	
	▪クラック幅・範囲、タイル・モルタル浮き、欠損、伸縮調整目地、塗膜の浮き等	
	▪外壁等の洗浄	
外壁等塗装工事	▪養生、段差修正、肌合せ	
	▪塗料の規格、種類、色	
	▪塗り回数、塗りむら	
鉄部塗装工事	▪下地ケレン、錆落し	
	▪錆止め剤	
タイル補修工事	▪タイル浮き範囲	
	▪樹脂注入工法、材料、Ｕカット	
	▪張替え工法、目あらし、吸水調整剤	
シーリング工事	▪既存シーリングの撤去	
	▪既存シーリングの軟化	
	▪シーリングの仕上り、品質	
防水工事	▪ドレン周り、不良個所補修	
	▪高圧洗浄、コーティング	
	▪防水種類、防水材料	
	▪長尺シート等端末処理	
その他	▪掲示板の記載内容、配付状況	
	▪居住者からのクレーム、意見等	
	▪工程表に基づく進捗状況	
	▪現場内片付け、清掃の状況	
	▪追加工事、仕様変更等の確認	
	▪中間検査の実施時期、完成検査	
	▪手直し確認	

※なお、本業務は工事の完成に責任を持つものではありません。

別紙6　大規模修繕コンサルタント業務　見積書（ひな形）

御見積書（ひな形）

令和　年　月　日

○○マンション管理組合　御中

下記のとおり、「大規模修繕コンサルティング・工事監理業務」の御提案をさせていただきます。

基本報酬（税込み）￥　　　　　　　　　　円

	項　目	備　考	金　額
	▪CM方式（国交省ガイドライン）による大規模修繕コンサルティング業務 ▪建築基準法等に基づく工事管理業務（工事が仕様書どおりに行われることを確認する業務）	＊簡易劣化診断（報告書提出） ＊修繕委員会、理事会、総会への出席 ＊修繕方針作成支援（時期、工事項目、工法選択） ＊施工業者の選定支援（プロポーザル方式） ＊住民説明会への出席 ＊工事契約書のチェック（施工計画、工程表、工事費用、支払い方法、保証、各検査等） ＊現場巡回（週１回程度　工事工程、仕様変更・追加工事費用の妥当性、施工要領等の確認） ＊工事監理報告書の提出 ＊施工業者・管理会社との連絡・調整 ＊検査立会い（中間検査、完成検査等） ＊工事業者との契約（契約不適合責任・アフターサービス）支援	
		※契約期間：総会決議後から完成検査・引渡しまで。 ※契約終了後に請求書を提出致します。	
小　計			
消費税			
合　計			

※「CM方式」とは、国土交通省のガイドラインにより、発注者の利益を確保するため発注者のもとでコンストラクションマネージャー（CMR）が、設計・発注・施工の各段階において、設計の検討や工程管理、品質管理、コスト管理などのマネジメント業務を行うものです。

「プロポーザル方式」とは、施工会社提案方式ともいい、その会社の技術力や誠実性などを比較し易い方式ですが、最大の特徴は談合を行うことが困難であるということです。

○○コンサルタント事務所
代表　○○ ○○
〒100-○○○○
東京都千代田区霞が関○-○-○
電　話

大規模修繕コンサルタント業務　委託契約書（ひな形）

〇〇マンション管理組合（以下「甲」という。）と、〇〇コンサルタント事務所（以下「乙」という。）は、甲の管理組合運営に関するサポート（大規模修繕コンサルタント業務）について、以下のとおり契約を締結する。

（業務委託）
第１条　乙が行う業務の内容は、別紙「御見積書」（令和　年　月　日）、「CM方式大規模修繕工事コンサルタント業務の流れ」及び「工事監理（現場巡回）業務の内容」に記載の業務とする。

（注意義務）
第２条　乙は、甲の受託者として、業務遂行上必要な注意義務を負うものとする。

（委託料）
第３条　甲が、乙に支払う委託料は、　　　　円（税別）とする。

（委託料の支払）
第４条　乙は、契約期間終了後に請求書を甲に提出し、甲は、その翌月末までに乙が指定する口座に甲が手数料を負担し送金するものとする。

（契約期間）
第５条　契約期間は、契約締結後から完成検査・引渡しまでとする。

（契約の解除）
第６条　乙は、暴力団等の反社会的勢力と何ら関わりがなく、今後も一切の関わりを持たないことをここに誓約するとともに、本条項の内容に反する事実があったときは、直ちに本契約は解除されるものとする。

（契約の変更）
第７条　契約期間中は、原則として契約内容の変更はできない。但し、甲及び乙で協議し、双方が承諾した場合には、この限りではない。

（守秘義務）
第８条　乙は、本契約の履行上知り得た秘密を漏らしてはならない。また、本契約終了後も同様とする。

（損害賠償）
第９条　乙の故意又は過失により、甲に損害を与えた場合には、甲は、その損害額を乙に請求できるものとする。

（合意管轄裁判所）
第10条　本契約に関する訴訟については、乙の所在地を管轄する裁判所を第１審の裁判所とする。

（協議事項）
第11条　この契約書の各条の解釈について疑義を生じた時、又はこの契約書に定めのない事項については、甲乙協議の上、定めるものとする。

本契約締結の証として、本契約書を２通作成し、甲乙それぞれ記名押印の上、各自その１通を保有するものとする。

令和　年　月　日
甲
東京都千代田区霞が関△－△－△
○○マンション管理組合
理事長　○○ ○○

乙
東京都千代田区霞が関○－○－○
○○コンサルタント事務所
代表　○○ ○○

2 機械式駐車場の維持管理に係る課題と解決策

1 機械式駐車場の維持管理に係る課題

機械式駐車場は、マンション内の限られた敷地を有効に利用できること、また、地方公共団体の条例や要綱による附置義務等によって、多くのマンションで導入が進み活用が図られています。

一方で、機械式駐車場における利用者等の事故は、平成19年以降、少なくとも32件（うち死亡事故12件）発生しており、国土交通省では事故の再発防止を図るため「機械式立体駐車場の安全対策に関するガイドライン」を策定・公表し安全対策の強化を進めているところです。また、機械式駐車場の維持管理には多額の費用が必要で、将来的にみて収支が合わなくなり維持が困難と考えている管理組合も多いようです。さらに、近年の車離れによる駐車場利用者の減少などで、機械式駐車場を撤去して更地にするマンションも増えています。

ところで、機械式駐車場の維持管理には多額の費用が必要で、将来的にみて維持が困難との考えは、本当にそうなのでしょうか。

機械式駐車場の維持管理に多額の費用が必要との考えは、国土交通省の長期修繕計画ガイドラインで、機械式駐車場の建替え（撤去・新設）が20年[※1]という非常に短い周期で設定されていたこと、また、機械式駐車場のメーカーなどが作成する維持保全計画の部品交換周期もかなり短く設定されており、さらに、汎用部品をわざわざメーカー独自の部品に作り変えて部品代を高くしたり、制御プログラムの基板の製作期限を設けて、20年程度で全面リニューアルが必要な状況にしたりしていることが要因だと思われます。

そして、マンション管理に係る業界には、建築に詳しい関係者やコンサルタントは多くいますが、機械式駐車場の維持管理に必要な機械、電気に詳しいコンサルタント等は極めて少ないという事情があり、機械式駐車場は「金食い虫」という誤った認識で言われることが今でもよくあるのです。

※1　令和3年の改訂版では、「建替え」から「取替え・装置入替リニューアル」に、周期が20年から18～22年にそれぞれ改訂された。

2 機械式駐車場は本当に「金食い虫」なのか

◇部品交換

汎用部品をメーカーの独自部品に変える例としては、リミットスイッチの長さを少し変えるとか、モーターの固定ボルトのピッチを少し変えるといったやり方です。これらは主に部品代を高くするために作り変えたものであるため、部品交換の際は、メーカーの独自部品を使わず、なるべく汎用部品を使用することで無駄な支出を抑えることができます。

◇制御プログラム

機械式駐車場を動かすための制御プログラムは、基板を使用している場合は基板に組み込まれているため、データとして保存することはできません。しかし、基板を使わずにシーケンサー（ＰＬＣ）を使用すれば、シーケンサー（ＰＬＣ）に書き込まれている制御プログラムは、ダウンロードしてデータとして保存しておくことができます。そして、古くなったシーケンサー（ＰＬＣ）は交換し、制御プログラムのデータを書き込めば、制御装置は半永久的に使用することができるのです。

◇鉄骨フレームとパレット

瀬戸大橋などの吊り橋の耐用年数は100年以上であり、また、東京タワーは5年に一度の錆止め塗装を続けているため建設から60年以上経った今でも全く問題なく使用しています。鉄は錆びなければ半永久的に使えますので、機械式駐車場を構成する鉄骨フレームとパレットも、概ね6～7年ごとに錆止め塗装を行うことで、半永久的に使用することができると考えられます。但し、地震などで基礎が崩れてしまった場合には修復が困難になる場合もあると思います。

以上のように、きめ細かなメンテナンスを行うことで、国土交通省の長期修繕計画ガイドラインで示す20年ごとの建替えや装置入替リニューアルも必要なくなり、無駄な出費を抑えられるため、機械式駐車場は適正な費用で維持管理できるようになるのです。

しかし、こうした適切な維持管理を進めてくれる専門性が高く良心的な機械式駐車場に係る業者は多くはないため、管理組合としては、まず、そうした優良な業者を探し当てることが最も重要な課題だと考えます。

3 機械式駐車場の部品交換の時期

パレット（車両を乗せる台）は、主にモーターとチェーンで保持されているため、モーターとチェーンには常に荷重がかかっています。チェーンが切れた場合には、パレットの落下を防ぐためのストッパーが設置されています。

モーターは、絶縁抵抗が低下すると寿命となります。巻き線（エナメル線）が錆びたりすると絶縁抵抗は下がります。大雨などでモーターが水没すると時間の経過で絶縁抵抗が下がってきます。絶縁抵抗値の目安は実務的に5MΩ以下（電気設備技術基準とは異なります）であり、絶縁抵抗値の低下と反対に巻き線の抵抗値は上昇します。この時点がモーターの更新時期となります。

また、リミットスイッチも絶縁が低下すると故障するので、同様にその時点が更新時期です。

モーターのオーバーホール（巻き線の交換等）は可能ですが、実施する工場も少なく、また、費用も更新よりも約20％安くなる程度ですので、あまりメリットはないようです。

チェーンは、経年によりゴミが蓄積して固着すると寿命となります。チェーンが固着するとチェーンが固まったままスプロケットに絡みつき事故になるケースがあります。特に冬場に多く発生します。チェーンを外して洗浄する方法もありますが、手間がかかるため、更新する費用と変わらないようです。チェーン交換の際には、スプロケットとシャフトも同時に交換するのが効率的であり一般的です。

4 機械式駐車場と昇降機の法規制の比較

◇機械式駐車場

機械式駐車場の設置及び構造上の技術基準を規定する法令としては、駐車場法（昭和32年法律第106号）がありますが、一般的なマンションの機械式駐車場には適用しません。駐車場法が適用となる機械式駐車場は、「駐車の用に供する部分の面積が500㎡以上で、一般公共の用に供されるもの」（要約）と規定されていますので、一般公共の用に供されるものではないマンションの機械式駐車場は、駐車場法の適用は受けないということです。また、建築基準法に定める昇降機にも該当しないため、原則として建築基準法の適用も受けません。

このため、マンションの機械式駐車場の設置及び構造上の技術基準については、公益社団法人立体駐車場工業会が発行する「機械式駐車場技術基準・同解説２０１７年版」等を準拠したメーカーの自主規制に委ねられています。

しかし、近年のマンションの機械式駐車場における事故の多発を受け、国土交通省が策定した「機械式立体駐車場の安全対策に関するガイドライン」に準拠した機械式駐車場を設置することが推奨されています。

また、駐車場法の適用を受ける一般公共の用に供される機械式駐車場は、駐車場法施行規則に基づき、このガイドラインの内容を踏まえて制定した安全基準を満たし、国土交通大臣の認定（平成27年施行）を受けることとされていますが、駐車場法の適用を受けないマンションの機械式駐車場は、この認定を受けることは義務ではありません。但し、地方公共団体の条例などで、マンションの機械式駐車場であっても認定を受けることが義務化される場合もあるようです。

◇昇降機

マンションに設置されるエレベーターは、建築基準法に定める昇降機に該当するため、建築基準法の適用を受けることになります。人を乗せて運行しない機械式駐車場と異なり、エレベーターには、安全確保のために設計・製造・設置段階における構造基準と、使用・維持管理段階における検査の基準が法的義務として規定されています。

5 機械式駐車場の附置義務と一部撤去

マンションの新築時には、条例等でマンション内に駐車場の附置義務が定められている場合があります。東京、神奈川、千葉、埼玉など首都圏内の多くの地域では附置義務に係る条例等を制定しています。こうした地域では、条例等で定められた台数の駐車場をマンション内に設置しなければ、建築主事の確認が受けられずマンションの建築ができないことになります。

こうして設置した駐車場ですが、マンション住民の高齢化や近年の車離れなどから、駐車場の「空き」が増えてきており、駐車場の一部撤去や全面撤去を行うマンションもあります。

ここで問題となるのが、条例等の附置義務として設置した駐車場の台数を減らしていいのか、ということです。現実的には、駐車場の撤去を行政に届けずに行った場合でも、その後、行政から何らかの罰則を受けたとか、建築時の駐車台数に戻しなさい、といった指導や命令を受けたという話は聞いたことがありません。それは、条例等にそうした罰則や命令に係る規定が存在しないためであり、また、近年の車離れにより、駐車場の「空き」が増えていることから、条例等の附置義務の緩和が進んできているという事情もあると思われます。

また、駐車場の台数を減らすことに関して、行政に事前相談に行った場合でも、一部撤去は認められる場合が多いようです。但し、こうした案件は行政の担当者の裁量の範囲と思われますので、担当者によっては杓子定規の回答になることも覚悟しなければなりません。

◇駐車場撤去に伴う電気料金の減額

機械式駐車場を撤去した場合には、同時に機械式駐車場に設置されているモーターも撤去することになります。

電気料金の契約内容にもよりますが、多くのマンションでは設備容量（モーターの容量など）によって基本料金が決まっていますので、モーターを撤去することで設備容量が減るため、その分の電気料金（基本料金）が安くなります。

電気料金を安くする具体的な手順は、電力会社に対して、駐車場の撤去によって設備容量が減ったことについて申請する必要があります。但し、この申請はマンション住民が簡単に行えるものではなく、電気工事店などが図面や計算書などの資料を作成して申請することになります。

6 マンション駐車場の外部貸しに係る課税

近年、マンションに設置された駐車場の利用者が減少し、空き駐車場が生ずるケースが増えています。このため、空き駐車場を区分所有者以外の外部に貸し、管理組合として収入を確保しようとすることが検討される中で、この収入が課税されるのかどうかという問題がありました。

このため、外部貸しに係る課税基準等を整理する必要から、国土交通省が国税庁に対して照会を行い、その回答（国住マ第43号　平成24年2月3日）が公表されました。

以下、その概要です。

◇税法上の管理組合の扱い

法人でない管理組合は、建物並びにその敷地及び附属施設の管理を行うことを目的として構成された団体であり、また、規約を定めることで多数決の原則が行われ、構成員の変更にかかわらず団体そのものが存続し、代表の方法、総会の運営、財産の管理等団体としての主要な点が確定していることを前提とすれば、法人税法上、人格のない社団等に該当すると考えられる。

また、管理組合法人及び団地管理組合法人は、法人税法その他法人税の規定の適用に当たっては、公益法人等とみなすこととされている。

◇人格のない社団等及び公益法人等への課税

人格のない社団等及び公益法人等に対する法人税は、各事業年度の所得のうち収益事業から生じた所得が課税の対象となり、収益事業以外からの所得には法人税を課さないこととされている。

したがって、マンション管理組合に対する法人税は、収益事業から生じた所得にのみ課されることになる。

◇**収益事業の範囲**

法人税法上の収益事業とは、販売業、製造業その他の一定の事業で、継続して事業場を設けて行われるものをいい、この一定の事業には駐車場業が含まれているため、マンション管理組合が、継続してマンション駐車場という常設された附属施設で駐車場業を行えば、収益事業に該当することになる。

◇**収益事業に該当しない駐車場の使用**

マンション駐車場の使用において、前記の収益事業に該当しない要件は次のとおり。

①マンション管理組合の組合員である区分所有者を対象とした共済的事業であること。

②駐車料金は区分所有者がマンションの附属施設である駐車場の敷地を特別に利用することによる「管理費の割増金」と考えられること。

③駐車場の使用料収入は、区分所有者に分配されることなく、管理組合において駐車場の管理に要する費用を含めた管理費又は修繕積立金の一部に充当されること。

◇**区分所有者が使用する駐車場の部分を含めた駐車場全体が収益事業に該当するケース**

「駐車場使用の募集に際して、区分所有者と外部者を分けずに行い、使用料や使用期間などの条件についても区分所有者と同様とし、また、空き駐車場が無くなった状態で区分所有者から駐車場の使用希望があっても、外部使用者に対して早期退去を求めないようなケース」

このケースでは、区分所有者に対する優先性が見られず、管理業務の一環としての「共済的事業」とは認められず、市中の有料駐車場と同様の駐車場業を行っているものと考えられるため、区分所有者が使用する駐車場の部分を含めた駐車場全体が収益事業に該当するものと考えられる。

◇**外部貸し駐車場の部分のみが収益事業に該当するケース**

「駐車場使用の募集に際しては、区分所有者の使用希望がない場合にのみ外部者に対して行い、空き駐車場が無くなった状態で区分所有者からの使用希望があった場合には、一定期間（例えば3か月）以内に外部使用者は明け渡すこと、又は、使用期間の契約を更新しないなどの条件を付すようなケース」

このケースでは、区分所有者に一定の優位性が見られることから、区分所有者の使用については、管理の一環としての「共済的事業」として認められるため収益事業には該当しないものと考えられ、また、区分所有者以外の外部使用については、独立した駐車場業を行っていると認められるため収益事業に該当するものと考えられる。

以上が、国税庁の回答の概要ですが、実際の課税対象などは、個々の具体的な実状により管轄税務署の判断によることになります。

7 機械式駐車場の安全装置等の強化

機械式駐車場において発生した重大事故等の再発防止の観点から、「機械式立体駐車場の安全対策に関するガイドライン」（平成26年　国土交通省）が策定され、特に安全装置等の強化が図られました。

駐車場法の適用を受けないマンション駐車場は、規制の対象ではありませんが、国土交通省では、このガイドラインに準拠した安全装置等の設置を推奨しています。

以下は、ガイドラインに定める安全装置等の概要です。

■装置内に、利用者以外の人が容易に立ち入ることができない構造とすること。

■操作を行う者の限定を行うことができる機能を有すること。

■前の利用者の一連の操作が正常に完了しない限り、次の利用者が操作を行うことができない機能を有すること。

■操作盤は、利用者が安全確認ボタンを操作した後でなければ装置が稼働しない機能を有すること。

■操作盤の視認しやすい場所に、視認しやすい形状で、緊急時に直ちに装置の動作を停止できる緊急停止ボタンを設けること。

■乗降室内には、人が転落するような隙間を設けないこと。やむを得ず隙間を生じる場合には、人の転落を防止するための適切な柵、落下防護施設等を設けること。

■人の通路部には障害を設けず、平滑な構造とすること。やむを得ず段差等を生じる場合には、視認性の確保に留意すること。
■昇降横行式又は地下式構造を有する装置には、前面ゲート及び柵を設置すること。
■前面ゲートは、チェーン・スプロケット等の稼働部に子供が容易に触れることのない構造とすること。
■装置の稼働状況等を目視によって確認できる位置に操作盤を設置すること。
■前面ゲートを有する装置については、呼び出した搬器等が着床していなければゲートが開かない機能（インターロック）を有すること。

なお、ガイドラインに定める安全装置等の構造や機能などの詳しい内容は、「機械式立体駐車場の安全対策に関するガイドライン」の手引き（平成28年　国土交通省）に記載されています。

マンション防災・設備の知識

2023年２月23日　初版第１刷発行

著　　者　及川忠良
発 行 者　中田典昭
発 行 所　東京図書出版
発行発売　株式会社 リフレ出版
〒112-0001　東京都文京区白山 5-4-1-2F
電話 (03)6772-7906　FAX 0120-41-8080
印　　刷　株式会社 ブレイン

ISBN978-4-86641-599-4 C0036
Printed in Japan 2023